Stefanie Bisping
Lesereise England

Stefanie Bisping

Lesereise England

Besenflug im Schlossgarten

Picus Verlag Wien

Für Julius

Gedruckt nach der Richtlinie des
Österreichischen Umweltzeichens
„Druckerzeugnisse",
Christian Theiss GmbH, Nr. 869

Copyright © 2018 Picus Verlag Ges.m.b.H., Wien
Alle Rechte vorbehalten
Grafische Gestaltung: Dorothea Löcker, Wien
Umschlagabbildung: © mauritius images / incamerastock / Alamy
Druck und Verarbeitung:
Christian Theiss GmbH, St. Stefan im Lavanttal
ISBN 978-3-7117-1084-0

Informationen über das aktuelle Programm
des Picus Verlags und Veranstaltungen unter
www.picus.at

Inhalt

Stillstand im Schnee
*Von den Vorzügen und Eigenarten einer
wunderbaren Insel* 9

Zeitreise im Rosengarten
*Im Südosten der Insel steht ein historisches Haus neben dem
anderen. Ihre Interieurs stecken voller Geschichten* 12

Bei starkem Wind schweigen die Schafe
*Steilküste und Ritterburgen, Fledermäuse und Fasane: Die South
Downs sind ein schier unendlicher Abenteuerspielplatz* 20

Heuschrecken in Hampton Court
*Speisearchäologen ergründen vor Publikum, wie Heinrich VIII.
und sein Hofstaat in seinem Lieblingsschloss tafelten* 27

Champagner für den Retter Englands
*Zwei Häuser, ein Staatsmann: Blenheim Palace und Chartwell
waren die wichtigsten Wohnsitze Winston Churchills* 33

Iss nie deine Schnecken in einem Bus
*In einem Tal in East Sussex versteckte sich Rudyard Kipling
mit seiner Familie und dem Rolls Royce vor der Welt* 42

Vom Glück in Gummistiefeln
*Wie man Dornröschen wachküsst: Unterwegs in den Gärten
von Heligan und Eden in Cornwall* 49

Vier Damen und ein Cottage
*Unverheiratet bleibt der Frau ohne Vermögen nur das
Schreiben: Zu Besuch bei Jane Austen in Chawton* 56

Der Geist in der Kapelle
*Romantik, Extravaganzen und Tradition bestimmen das
Studentenleben in Oxford* 64

Tee mit Hamlet und König Lear
In Stratford-upon-Avon können Shakespeare-Enthusiasten sich fortbilden 72

Gleis 9 ¾ ist das Tor zum Himmel
Die Tour durch die Kulissen der acht Harry-Potter-Filme in den Studios bei London führt ins Herz von Hogwarts 82

Ein Hase schenkte ihr die Freiheit
Ihre Geschichten von Peter Rabbit brachten Beatrix Potter Unabhängigkeit. Ihre Wahlheimat fand sie im Lake District 88

Für Papisten ist im Schrank noch Platz
In Yorkshires Schlössern ist Geschichte lebendig – dank umtriebiger Schlossherren, die das Haus ihrer Ahnen erhalten ... 96

Der Tierarzt und die heile Welt
In Alf Wights Haus in Thirsk ist das Universum vom »Doktor und dem lieben Vieh« lebendig geblieben 106

Graf Dracula war Engländer
Whitby war nicht nur nautische Heimat des Seefahrers James Cook, sondern auch Geburtsort des berühmtesten Vampirs der Welt 110

Sturmböen am Mersey
Noch in den achtziger Jahren bot Liverpool ein Bild der Tristesse. Dann nahm die Heimatstadt der Beatles ihr Schicksal selbst in die Hand 115

Mit dem Besen über die Burgmauer
Besenreiten in Alnwick Castle, Stammsitz der Herzöge von Northumberland und Hogwarts der ersten beiden Harry-Potter-Filme 121

Wenn die Krone Ausgang hat
Die Sammlung der Kronjuwelen im Londoner Tower erzählt von tausend Jahren Monarchie 128

Stillstand im Schnee

*Von den Vorzügen und Eigenarten einer
wunderbaren Insel*

Es war eine der seltenen Gelegenheiten, in denen man sich all die Segnungen, mit denen das Vereinigte Königreich die Welt so reich beschenkt hat, deutlich ins Gedächtnis rufen muss: Shakespeare, die Beatles, Cheddarkäse, die Prinzen William und Harry; nicht zuletzt die erste auf Freiheit und Gleichheit der Menschen basierende Verfassung.

Denn an diesem Abend war es schwer, die Insel mit jener Innigkeit zu lieben, die den Reisenden sonst durchdringt, sobald er einen Fuß auf englischen Boden setzt. Dieser Boden nämlich war von untypischem Weiß. Der Großraum London lag unter einer Schneeschicht von annähernd vier Millimetern Höhe begraben. Was in der Stadt kaum zu sehen war, bedeutete für die Flughäfen der Metropole Chaos, gestrichene Flüge und Tausende Verzagte, die sich in Heathrow nächtens in Schlangen einreihten, um in den Besitz von Hotelgutscheinen zu gelangen.

Gefasst standen die Gestrandeten an. In ihren Gesichtern war Resignation zu lesen – einmal mehr zeigte hier die Natur dem Menschen, wo der Hammer hängt –, aber auch Entkräftung. Mancher fragte sich, wie eine Nation, die sich einstmals die halbe Welt untertan gemacht hatte, nun daran scheitern konnte, ein paar Tragflächen zu enteisen. Einzig ein Grüppchen von Skandinaviern lachte fröhlich. Zu drollig, dieses Inselvolk, da war doch kaum etwas Raureif zu sehen!

Ein paar junge, dynamische Menschen hingegen waren nicht bereit, sich ins Unvermeidliche zu fügen. Zielstrebig zogen sie an den langen Schlangen vorbei, die mittlerweile einen guten Teil des Terminals füllten: Reisende, auf deren Armen Kleinkinder schliefen, und Erschöpfte, die bereits Langstreckenflüge hinter sich gebracht hatten, als das Londoner – nun ja – »Schneechaos« ihre Weiterreise unterbrach. Zügig arbeitete sich das Grüppchen bis zum Tresen vor.

Einer der Gestrandeten, den es bei dem Manöver hinter sich ließ, ein Mann mit müden Augen, schüttelte den Kopf. »*Some people simply have no respect*«, so sprach er zu sich. Manche Leute haben einfach keinen Respekt. Beflügelt vom Gefühl, ein Anrecht auf schnellere Bedienung zu haben als alle anderen, umgingen sie auch so festgefügte, unantastbare Strukturen wie die britische Warteschlange. Mit leisem Schaudern betrachteten die Überholten die selbstgewisse Geschmeidigkeit, mit der sich diese mit Koffern bewehrten Dampfwalzen womöglich auch bei anderen Gelegenheiten einen Vorteil zulasten anderer zu verschaffen suchten.

Niemand hielt sie auf. Die Gedanken der Anstehenden schienen sie nicht zu spüren. Doch in diesem Moment einte die Wartenden das beruhigende Wissen, dem Wetter wenigstens nur eine Nacht zu opfern – und nicht auch Fairness und Umgangsformen. Und noch etwas wussten sie: Engländer waren diese Leute nicht.

Zeitreise im Rosengarten

Im Südosten der Insel steht ein historisches Haus neben dem anderen. Ihre Interieurs stecken voller Geschichten

Zwei Hofdamen tuscheln in einer Ecke, neben ihnen steht ein elegant gekleideter Höfling. Doch die Gestalten aus der Tudor-Zeit geben ihre Geheimnisse nicht preis: Ihre üppigen Gewänder sind auf Puppen gespannt. Die Krypta unter der zweitältesten Großen Halle Englands, wo einst Vorräte gelagert und Schätze vor Feuer und Feind verborgen wurden, ist heute Aufbewahrungsort für Requisiten und Kostüme – Erinnerungen an zahlreiche Dreharbeiten in Penshurst Place.

Der Film »Die Schwester der Königin« mit Scarlett Johansson als Mary Boleyn entstand zu Teilen hier; bald danach tauchte die *BBC*-Verfilmung des Bestsellers »Wölfe« den Bau aus dem 14. Jahrhundert neuerlich in Scheinwerferlicht. Die Romanautorin Hilary Mantel erzählt darin die Geschichte des Gattinnenverschleißers Heinrich VIII. aus dem Blickwinkel seines Beraters Thomas Cromwell. Penshurst Place war auch bei dieser Produktion eines von mehreren historischen Häusern, die die Anwesen Heinrichs und seiner Getreuen darstellten.

Denn das Haus, seit dem 16. Jahrhundert im Besitz der Familie Sidney, hat die Zeit recht ungerührt überstanden. Auch die von Hecken eingefassten Rosen- und Magnoliengärten, der Obsthain und der grauweiße Garten haben sich kaum verändert, seit Heinrichs Tochter Elizabeth I. hier einen Besuch machte. Nur ein paar Ergänzungen wie das große Beet, dessen Blüten einen Union Jack bilden, ein aus Buchs geformter Bär und die Skulptur des Stachelschweins, das auch das Familienwappen der Sidneys ziert, kannte sie noch nicht.

Heute spielen und flanieren hier die Besucher. Im Frühling fotografieren sie ihre Kinder zwischen Fluten blühender Narzissen, bis in den Herbst liegen sie, von keinem Verbotsschild gehindert, auf Rasenflächen und nutzen einen der ältesten erhaltenen Gärten Englands, als wäre es ihr eigener.

Sir John de Pulteney, ein reicher Händler aus London, ließ Penshurst Place 1341 erbauen. Er beauftragte die besten Handwerker seiner Zeit, um die von zwei Flügeln eingefasste Große Halle mit hohen Fenstern und einer aufwändig aus Kastanienholz geschnitzten Decke zum Schmuck- und Renommierstück zu machen. Weil Pulteney seinem König Edward III. viel Geld geliehen hatte, durfte er sich frei unter dessen Baumeistern bedienen. Doch er sollte sich nur acht Jahre lang an seinem Landhaus erfreuen; von einem Tag zum nächsten raffte ihn die Pest dahin.

Nachdem das Anwesen an die Herzöge von Buckingham gefallen war, war es dem dritten Herzog beschieden, wesentliche Eigenschaften des noch nicht dreißigjährigen Königs Heinrich VIII.

kennenzulernen: Misstrauen, gepaart mit tödlicher Konsequenz. Anlässlich eines Besuchs seines Königs im Jahr 1519 investierte Buckingham ein Vermögen in dessen Bewirtung. Doch solcher Reichtum, dazu ein hoher Titel, das mochte bedeuten, dass Buckingham sich Hoffnungen auf Heinrichs Thron machte. Vorsichtshalber ließ der König ihn köpfen, Penshurst Place fiel an die Krone.

Heinrich nutzte das Haus fortan als Jagdsitz und überließ es später seiner vierten Gattin, der ungeliebten Anna von Kleve. Heinrichs einziger Sohn Edward schenkte es seinem Tutor Sir William Sidney. Dessen Familie brachte unter anderem den 1554 geborenen Dichter Sir Philip Sidney hervor und gab das Anwesen trotz einiger Erbfolgekrisen – der zweite Earl of Leicester hatte fünfzehn Kinder, von denen drei nacheinander Titel und Anwesen erbten, doch keiner hinterließ einen legitimen Nachkommen – nie mehr her. So ging der Titel des Earls verloren, doch blieb das Haus über eine Nichte in der Familie. Bis heute.

Historische Bausubstanz, Gärten in der Größe mehrerer Fußballfelder und Weide- und Ackerland der herrschaftlichen Anwesen bringen zwar noch immer einiges ein, erfordern zugleich aber auch nahezu unbegrenzte Mittel zu ihrer Erhaltung. Daher sind viele Herrensitze anders als Penshurst Place nicht mehr in Privatbesitz, sondern gehören dem National Trust, einer gemeinnützigen Organisation, die das historische Erbe für die Nation bewahrt. Mancher Aristokrat bewohnt so noch einen Teil des Anwesens seiner Väter, ohne bei jeder Handwerkerrechnung den Bankrott fürchten zu müssen. Zugleich macht der National Trust Schlösser, Adelssitze und Dichterklausen der Öffentlichkeit zugänglich und beschert dem Volk überdies Geschenkboutiquen, in denen von der Orangenmarmelade über Vogelnistkästen bis zu Gartenhandschuhen und praktischen Weinglashaltern für Rasenflächen alles zu kaufen ist, was das Landleben schöner macht – stets zum Wohl der rund fünfhundert historischen Häuser, Gärten, Parks, Monumente und Naturschutzgebiete, in deren Erhalt aller Gewinn fließt.

Besonders viele finden sich im Süden Englands, wo einflussreiche Persönlichkeiten immer schon die Nähe zur Hauptstadt schätzten und eine milde Landschaft aus Hügeln, Wiesen und gepflegten Dörfern Augen und Gemüt beruhigt. Dass dieses Bild sich im Lauf der Zeit nicht dramatisch verändert hat, bedeutet heute auch, dass sich die Blechlawinen des 21. Jahrhunderts über uralte Routen durch die Herzen kleiner Marktstädte pflügen und sich zu Stoßzeiten vor Kreisverkehren kilometerweit zurückstauen. Doch der Lohn solcher Mühen ist reich. Pendler kehren in ein Idyll blühender Gärten und historischer Schänken zurück. Reisende haben es nie weit zum nächsten sehenswerten Herrenhaus.

Ein besonders schmales Sträßchen führt nach Standen, dem bei East Grinstead gelegenen einstigen Landhaus von James Beale und seiner Frau

Margaret. Der Vater von sieben Kindern hatte sein Vermögen als Anwalt der Eisenbahngesellschaft Midland Railways gemacht. Mit fünfzig Jahren wünschte Beale sich ein Traumhaus. Es sollte Symbol seines Erfolgs, behaglicher Wochenendsitz und Rückzugsort fern von Lärm und Enge der Metropole sein. Er beauftragte Philip Webb und William Morris mit dem Bau: den führenden Architekten der Zeit und einen der kreativsten Köpfe des 19. Jahrhunderts. Auf Gelände und Gebäuden der Farmen Great Hollybush und Standen entstand ab 1891 über einem Tal mit Blick über das Sussex Weald und die Hügel der South Downs ein Haus, das vor allem aufgrund des Wirkens des vielseitig begabten Morris seinen Reiz bis heute bewahrt hat.

Der 1834 geborene William Morris war Architekt und Sozialist, arbeitete als Übersetzer und Verleger, kam als Maler, Dichter und Begründer des Arts and Crafts Movement zu Ruhm und wird bis heute für seine filigranen Muster und Ornamente geliebt. Er ersetzte Schwere und Dunkelheit viktorianischer Interieurs durch Licht, Leichtigkeit und zarte Farben und legte zugleich größten Wert auf Solidität von Material, Form und Handwerk. Auch Webbs Stil war neu, sogar visionär. Er schonte den Baumbestand, zerstörte keines der alten Gebäude, platzierte das Haus in geschützter Lage über die Aussicht und bediente sich bei den Baumaterialien in nächster Nachbarschaft. Der Steinbruch neben dem Haus wurde später zum Felsengarten.

Bis auf einige Zimmer der Bediensteten sind

alle Räume Standens fürs Publikum geöffnet. Die Besucher bewundern das Lesezimmer mit Kamin, gemusterten Teppichen, kleinen Tischen und Sesseln; das Billardzimmer mit dem riesigen Tisch darin und dem in einen Alkoven eingelassenen Sofa für Zuschauer, die eingebauten Bücherschränke und die hellen Schlafzimmer im ersten Stock. Wer Schubladen auszieht, findet Muster von Morris' mit Blüten und Ornamenten geschmückten Stoffen und Tapeten, die sich bis heute gut verkaufen. Und auch über schönes Wohnen ist hier einiges zu lernen. »Habt nichts in euren Häusern, von dem ihr nicht sicher wisst, dass es nützlich oder von dem ihr nicht glaubt, dass es schön ist«, so lautete Morris' Doktrin, die die Zeit so mühelos überdauert hat wie seine Designs.

In Terrassen senkt sich der Garten, bis hinter Wiesen und Weiden der Weirwood-See das Tal beschließt. Besucher können auf den Rasenflächen picknicken, die von den Beales 1907 von einer Japanreise mitgebrachten Ahornbäume bewundern, auf Spielplätzen toben und in die Landschaft hinauswandern. Die Gatter an den Weiden sollen nur Kühe aufhalten. Zweibeiner dürfen hinüberklettern.

Man kann sich leicht vorstellen, dass die Beales mit ihren Sprösslingen jeden Sommer und alle Weihnachtsfeste in Standen verbrachten, auch nach dem Tod von Mutter Margaret im Jahr 1936. Sie hinterließ die Verantwortung für das in eine Familienstiftung übergegangene Anwesen den

Töchtern Helen und Maggie. Erst nach Helens Tod 1972 gelangte Standen in den Besitz des National Trust – nachdem private Sponsoren Helens Erbe so aufgestockt hatten, dass die finanziellen Mittel der Stiftung als ausreichend für den Unterhalt erschienen.

Während man in Standen sofort einziehen wollte, verströmt das stolze Petworth House eine eher museale Aura. Daran ist vor allem William Turner schuld, der große englische Landschaftsmaler, der zwischen 1827 und 1837 siebenmal Gast des dritten Earls of Egremont war und das Haus und den 1751 vom Großmeister Lancelot alias »Capability« Brown gestalteten Landschaftspark immer wieder malte. Zwanzig Ölgemälde und hundert Aquarelle entstanden hier. Vier der Gemälde hängen im *dining room* in niedriger Höhe, sodass zu Tisch sitzende Gäste die Darstellungen Turners von Petworth in wechselndem Licht auf Augenhöhe bewundern konnten. Neben zahlreichen anderen Gemälden, die hier alle Wände pflastern, besitzt Petworth bis heute die größte private Turner-Sammlung der Welt.

Park und Haus haben sich seit Turners Zeit kaum verändert; einzig der Eingang ist an die Rückwand des Hauses verlegt worden. Sein heutiges Gesicht erhielt Petworth durch den Urgroßonkel des Earls of Egremont. Charles Seymour, der sechste Duke of Somerset, wurde auch der »stolze Herzog« genannt. Als mittelloser Adeliger hatte er Elizabeth Percy ihres schönen Familiensitzes wegen geheiratet und Petworth Ende des 17. Jahrhunderts mit dem Geld seiner Gattin zum barocken Palast ausbauen lassen. Den Grundstein zur Kunstsammlung hatte bereits ein Vorfahre Elizabeths gelegt: der zehnte Earl von Northumberland, der das Haus mit Werken seines Lieblingsmalers van Dyck schmückte.

Fuhren die Kutschen der Gäste einst durch den Park auf das Haus zu, erreichen es heutige Besucher von der dem Dorf zugewandten Seite. Das hatte man einst ganz ausgeblendet, es aber immerhin anders als mancherorts nicht versetzen lassen, um die Aussicht von der Plebs zu reinigen. Die erste Etage bewohnt die Familie. Doch im Park dürfen die Besucher ihre Hunde laufen lassen wie einst der dritte Earl of Egremont. Die Besucher liegen in Liegestühlen auf den Rasenflächen vor dem Haus oder streifen durch Küche und Prunkgemächer. Heute gehört Petworth dem Volk.

Bei starkem Wind schweigen die Schafe

Steilküste und Ritterburgen, Fledermäuse und Fasane: Die South Downs sind ein schier unendlicher Abenteuerspielplatz

Von vorne pfeift Wind, unten toben Wellen. Sehr weit unten. Die höchste Kreideklippe am Beachy Head, wo die Hügel der South Downs jäh ins Meer stürzen, liegt hundertfünfundsechzig Meter über dem Wasser. Ohne Abgrenzung führt der Pfad beunruhigend nahe an der Steilküste entlang. Beklommen betrachten die Eltern vier Kreuze, die sich mahnend vor dem Abgrund erheben. Das Kind stemmt sich gegen den Wind, versucht eine Unterhaltung mit den Schafen, die sich ins Gras ducken und nicht blöken wollen, und lässt sich über die Wiese rollen. Immerhin zur Landseite. Trotz heller Frühabendsonne erreichen wir den Pub, der einsam wie ein Schmugglertreff auf der Klippe thront, zerzaust und mit eiskalten Ohren. Innen lassen wir uns vor dem Kamin in Ledersessel fallen. Der Knabe widmet sich der Betreuung des Feuers, legt Holz nach und stochert zufrieden in der Glut. Toll war dieser Ausflug, sagt er. Kein Vergleich zu den öden Spaziergängen zu Hause.

Dabei schien unsere Reise zunächst unter keinem guten Stern zu stehen. Auf dem Weg zur Fähre war dem Vater ein Virus heftig auf den Magen geschlagen. Die Beschwerden hatten sich durch das behäbige Schaukeln der Fähre kaum gebessert. Während wir den Mann noch durch Tee wiederzubeleben versuchten, erreichte uns eine Nachricht unseres Hotels in Eastbourne. Das Haus, das wir nach langen Recherchen eigens aufgrund des für unseren Zehnjährigen so wichtigen Pools ausgewählt hatten, vermeldete einen Schwimmbadschaden. Bedauerlicherweise werde das Bad während unseres gesamten Aufenthalts nicht zur Verfügung stehen. Betreten schauten wir einander an. Waren das alles schon Auswirkungen des »Brexit«? Suchte die Insel uns fernzuhalten?

Doch aus der Nähe betrachtet zeigten sich die Kreidefelsen der Küste in gewohnt freundlichem Licht. Blitzblau leuchtete der Oktoberhimmel über Dover Castle, einer der mächtigsten Festungen im Westen Europas und unser erstes Ziel dieser Reise. Die Räume des Großen Turms, der das Herz der Burg bildet, sind mit modernen Mitteln so eingerichtet, wie sein Erbauer Heinrich II. es sich schon im 12. Jahrhundert leisten konnte: mit knisternden Kaminfeuern, holzgeschnitzten Möbeln vom Kinderbett bis zu den Miniaturpulten für junge Prinzen, mit Saiteninstrumenten und Schachbrettern zum Spielen sowie Wandbehängen in leuchtenden Farben. Alles darf man hier anfassen und sich im Thronsaal sogar wie König oder Königin auf zwei

Thronsessel unter einen tiefblauen, mit Sternen geschmückten Baldachin setzen.

Wir würden ja ohnehin kaum Zeit zum Schwimmen haben, trösteten wir uns, als wir es uns schließlich auf einer Picknickbank mit Blick über den Hafen von Dover bequem machten. Schließlich wollen wir eine weitere Burg, zwei Gärten, eine Dichterklause und die Steilküste erkunden, zudem Fußball spielen und viel lesen, das alles möglichst draußen und in nur einer Woche. Einigermaßen versöhnt, der Mann nahezu genesen, liefen wir abends über Eastbournes Kieselstrand, warfen Steine ins Meer und bewunderten die gewaltigen Klippen jenseits der Stadt.

Zahmer zeigt sich die Landschaft im Hinterland der Küste. In Sheffield Garden, einer vom Gartengestalter Capability Brown zum begehbaren Gemälde veredelten Landschaft, öffnet jedes Brückchen und jede Bank einen neuen Blick auf exotische Bäume und von goldenen Gräsern eingefasste Seen. Am schönsten ist der weite *Cricket*-Platz auf einem Hügel über dem Garten, auf dem sich hervorragend Fußball spielen, die Picknickdecke ausbreiten und in den Himmel träumen lässt.

Die größte Attraktion verbirgt sich indessen jenseits der schmalen Landstraße, die Sheffield Garden vom dazugehörigen Parkland trennt. Durch ein Weidentor betreten wir eine bis zum Horizont reichende Wiese, auf der hier und da Schafe grasen. Ein Schild weist uns den Weg zum Abenteuerspielplatz. Das Kind beginnt ein Gespräch mit den

Schafen, die die Frage nach ihrem Wohlergehen mit freundlichem Blöken quittieren. Der Spielplatz liegt in einem Wäldchen im Tal und ist erst auf den zweiten Blick als solcher zu erkennen. Abgesägte Baumstümpfe sind zu einem Hüpf-Parcours angeordnet, aus langen Ästen Tipis errichtet, aus Stämmen lebensgroße Schafe geschnitzt. Vom Ast einer gewaltigen Eiche baumelt ein langes Tau, an dessen Ende ein weiterer Ast als Schaukel befestigt ist. Bis auf ein paar Vogelstimmen ist es ganz still. Geradezu magisch ist dieser im Wald versteckte Spielplatz, und dass unser Sohn hier außer roten Fliegenpilzen auch einen Ast findet, der aussieht wie ein echter Flugbesen, wundert ihn überhaupt nicht.

Der Besen muss mit. Fortan lebt er im Kofferraum und begleitet uns anderntags zum Garten Nymans. Von dem Haus, das einst die aus Deutschland stammende Bankiersfamilie Messel bewohnte, sind vor allem malerische Ruinen geblieben. An einem eisigen Wintermorgen des Jahres 1947 – dem fünfundsiebzigsten Geburtstag des Hausherrn – brannte es fast völlig aus. So kalt war es, dass das Löschwasser in den Schläuchen der Feuerwehr gefror. Ein Wiederaufbau war nicht möglich, denn so kurz nach dem Krieg war Baumaterial rar. So bezogen die Messels ein anderes Haus in der Nähe. Tochter Anne ließ in den fünfziger Jahren einige Zimmer herrichten, die sie bis zu ihrem Tod 1992 bewohnte. Diese halbdunklen, etwas klammen Räume sind so erhalten, wie sie

sie hinterließ: vom Klavier bis zu den liebevoll aufgestellten Weihnachtskarten, die Queen Mum ihr treu schickte, da sie beide Omas derselben Kinder waren, nämlich der Sprösslinge von Prinzessin Margaret und Antony Armstrong-Jones.

So gruselig dem Kind die Geschichte des unlöschbaren Feuers erscheint, so schnell vergisst es sein Unbehagen, als es am Eingang die Aufgabe erhält, in jedem Raum ein Tier zu finden. Ein weißer Löwe verbirgt sich an einem Bilderrahmen, ein Reh schmückt einen Teller, im vollgestellten kleinen Wohnzimmer ruht schließlich Stofffuchs Foxy unter einem Tischchen. Das Spiel ist so einfach wie wirkungsvoll: Konzentriert untersucht das Kind das Inventar und nimmt nach erfolgreicher Jagd einen Aufkleber entgegen, dessen Aufschrift ihn als Kenner Nymans ausweist.

Jenseits der südafrikanischen Wiese, der bunten Sommerbeete zwischen Buchs und Brunnen und des ummauerten Gartens erstrecken sich Wald und Weideland. Auch hier führt ein Tor in eine verzauberte Welt. Ein sechzig Meter hoher kalifornischer Redwood-Baum beweist, dass die Messels ihre Gartenleidenschaft auch außer Sichtweite des Hauses auslebten. Auf einer Wiese streift ein Fuchs umher – womöglich Foxy, der Annes gute Stube verlassen hat, um einen Ausflug zu unternehmen. Und überall sehen wir Fasane, die die Feldwege am späten Nachmittag nahezu verstopfen.

Auch die Gemeinde Rodmell bei Lewes ist fest in den Klauen des Federviehs, das unerschrocken den Parkplatz von Monk's House als Spazierfläche beansprucht. Hier lebte früher einmal eine berühmte Schriftstellerin mit ihrem Mann in einem kleinen Haus. Interessanter als das enge Wohnzimmer, in dem Virginia und Leonard Woolf abends lasen und Schallplatten hörten, ist der riesige Garten. Schmale Pfade führen durch Beete zu einer Rasenfläche mit einer Bank. Allerdings möchte das Kind nichts davon wissen, dass unter einer Ulme die Asche der einstigen Hausherren liegt, weshalb wir die Umstände von Virginia Woolfs tragischem Ende im Fluss Ouse im März 1941 ganz verschweigen. Lieber läuft es weiter zum Obstgarten, wo Kisten voller Äpfel zur freien Entnahme unter den Bäumen liegen, und zur Wiese. Wo einst Virginia und Leonard mit ihren Gästen Boule spielten, liegen noch heute Kugeln. Zum Geschrei der Fasane spielen Vater und Sohn vor der Aussicht auf die Hügel des Sussex Weald einige Partien.

Diese Aussicht genoss auch Virginia Woolf im Gartenpavillon, in dem sie schrieb. Heute trennt eine Glasscheibe ihr Refugium von den Besuchern. Durch sie betrachten wir ihren Schreibtisch, auf dem Zeitungen, Stift, Papier, Brille und ein Krug mit Blumen den Eindruck erwecken, sie habe hier eben noch gearbeitet. Auf einem zweiten Tischchen steht eine große schwarze Schreibmaschine. Fast schon ein Wohnzimmer sei das, findet das Kind: gemütlich mit dem Sessel, in dem man sich nach Stunden auf dem harten Schreibtischstuhl ausruhen konnte, und schön geheim, so versteckt am

Ende des Grundstücks. Überhaupt sei es toll hier mit den Fasanen und so vielen Blumen, lobt der Knabe. Aber nun will er eine Burg sehen. Auch dafür reise man schließlich nach England.

Bodiam Castle bietet mit mächtigen Türmen, Zinnen und einem Wassergraben den Anblick einer echten Ritterburg. Dabei wurde die Burg Ende des 14. Jahrhunderts schon nicht mehr für den Verteidigungsfall, sondern als komfortabler, gleichwohl wehrhafter Wohnsitz erbaut. Im Inneren ist alles so alt und verfallen, wie in Dover Castle ordentlich freigelegt und neu ausgestattet. Wir steigen einen der Türme hinauf, halten auf dem Dach nach Feinden Ausschau und in den kalten steinernen Gängen nach schlafenden Fledermäusen. Höhepunkt ist aber die Waffenkammer, in der Menschen aller Altersstufen Kampfkleidung des Mittelalters anlegen können. Das Kind zwängt sich in einen Brustpanzer, hantiert mit eisernen Arm- und Beinschonern – unfassbar, wie die Leute sich damit bewegen konnten – und stemmt Schwerter. Während es sich noch in der Handhabung von Pfeil und Bogen übt, ertönt aus dem Burghof Geschrei und das Klirren von Klingen. Männer in Kettenhemden liefern sich ein Gefecht. Schließlich lassen die Ritter voneinander ab und geben sich als Australier zu erkennen. Die weite Reise haben sie eigens gemacht, um ihrem Hobby vor echten Kulissen zu frönen. »Das Tolle an England ist«, erklärt das Kind, »es passiert immer etwas, womit man nicht gerechnet hat.«

Heuschrecken in Hampton Court

Speisearchäologen ergründen vor Publikum, wie Heinrich VIII. und sein Hofstaat in seinem Lieblingsschloss tafelten

Im Schloss riecht es nach gebratenem Huhn. Über einer großen offenen Feuerstelle sind gleich mehrere aufgespießt. An einer Kochstelle mahlt ein in Filzmütze und langen Mantel gewandeter Mann Mandeln in einem Mörser. Es ist zugig in der Küche; das »Eishaus«, ein langer, schmaler Gang zwischen hohen Mauern, den die Sonne nie erreicht, liegt gleich vor der Tür. Die Mandelsauce ist für den Kalbseintopf bestimmt. »Nahrhaft, haltbar und angenehm süß«, erläutert der Koch. Gleich nebenan dekoriert ein Kollege die wächserne Pyramide auf einer Torte mit vierundzwanzigkarätigem Gold.

Sechzig Schlösser, sechs Ehefrauen, ein Gewicht von hundertsechzig Kilogramm kurz vor seinem Tod – selbst für einen absoluten Monarchen lebte Heinrich VIII. in großem Stil. Dass auch der 1529 ausgebaute Küchentrakt seines Lieblingsschlosses Hampton Court bei London wahrhaft gigantische Ausmaße hat, hat indessen nichts mit der Leibesfülle des betagten Königs zu tun, sondern liegt in seiner aufwendigen Haushaltsführung begründet.

In den neunzehn Abteilungen und siebenundfünfzig Räumen dieser Küche mussten zweihundertfünfzig Köche und Hilfskräfte zwei Mahlzeiten am Tag für rund sechshundert Mitglieder des Hofstaats zubereiten: eine um zehn und eine um sechzehn Uhr. In einigen Räumen zerteilten sie Fleisch, in anderen schnitten sie Gemüse, in wieder anderen hackten sie Kräuter. Nur des Königs Speisen wurden nicht hier, sondern unter seinen Gemächern in separater Küche zubereitet. Sie ging beim Umbau des Palasts in der Barockzeit verloren.

Heute ist in Europas größter erhaltener Küche aus der Renaissance nur ein Dutzend Menschen im Einsatz, und Köche sind sie auch nicht. Einer ist Meeresbiologe, ein anderer Keramiker, der nächste Fotograf, zwei sind gelernte Schmiede. Ihr Tätigkeitsfeld ist eine Art experimentelle Archäologie – allerdings ohne Ausgrabungen. »Speisearchäologen« nennen sie sich selbst, Lebensmittel-Historiker lassen sie als Berufsbezeichnung durchgehen. Köche sind als Quereinsteiger nicht zugelassen, weil die durch die instinktive Anwendung moderner Tricks und Kniffe manche Erkenntnis von vornherein korrumpieren könnten.

Auf der Basis alter Rezepte – die stichwortartig verfasst ohne Mengenangaben auskamen und Wissen voraussetzten, das die folgenden fünfhundert Jahre nicht überdauerte – stellen sie einmal im Monat vor Publikum ein Tudor-Gelage nach, vom Schneiden der Zwiebeln bis zum Tischgebet. Authentizität bis ins letzte Detail ist oberstes Gebot. Die Kleidung der Speisearchäologen ist aus Materialien und nach Schnitten und Techniken des 16. Jahrhunderts genäht und gefärbt, Zutaten und Zubereitung der Gerichte haben sie sorgfältig recherchiert.

Dass am Hof französischer Wein getrunken wurde, während das einfache Volk sich mit Bier und Cidre begnügte, gilt als gesichert. Auch zum Kochen wurde Wein verwendet. »Man nehme Wein vom Rhein, der ist nur so gut wie englischer«, vermerkt lakonisch ein Rezept. Allerdings war auch der Zeitgeschmack ein anderer. Stark und rot musste er sein, weshalb man englischen Weißwein mit einem Farbstoff aus Käfern rot einfärbte; zudem wurde der Wein den Temperaturen entsprechend modifiziert. Bei Kälte gab man Zucker und Ingwer hinzu, bei Hitze Wasser.

Alles ist den Speisearchäologen Forschungsgegenstand: wie die handgefärbte Wolle der Kleider reagiert, wenn Senfsauce auf sie tröpfelt. Wie sich ein Rezept verändert, je nachdem, von welcher Löffelgröße man bei der Dosierung der Zutaten ausgeht. In wie viele Stücke ein Teller zerbricht, der auf den Boden fällt. Wie ein Schwan schmeckt, den man direkt vom Fluss holt und nicht erst im Hof auf Getreidediät setzt: nämlich nach dem grünen Schlick am Ufer. Immerhin essen die Speisearchäologen die Ergebnisse ihrer Experimente selbst; auch das gehört zur Forschungsarbeit. Und natürlich geht es darum, den Alltag in einer Küche zu ergründen, die so groß war wie die einer Kaserne. Die Angestellten des Hofes arbeiteten nicht für ein Gehalt, sondern für Logis und Kost: die beiden üppigen Mahlzeiten, die jeden Tag in der Großküche zubereitet wurden.

»Das Essen folgte nicht dem Hof, sondern der Hof dem Essen«, erklärt Food-Historiker Mark Meltonville, eine stattliche Erscheinung in lindgrünem Wollwams, grauer Strumpfhose und Wollmütze auf schulterlangem Haar. Schon um die Versorgung seines Gefolges zu sichern, musste der Monarch stets in Bewegung bleiben. Denn mit sechshundert Leuten im Schlepptau hatte der Besuch des Königs auf eine Region etwa den Effekt einer Heuschreckenplage. Nach vier bis sechs Wochen blieben Schloss, Dorf und weitere Umgebung erschöpft, ausgelaugt und ohne Vorräte zurück; die königliche Karawane zog weiter. Das war auch nötig, damit das Volk seinen König sehen konnte. In einer Welt ohne Medien musste der Monarch sich zu den Menschen begeben, um sichtbar zu sein.

1509 war Heinrich mit knapp achtzehn Jahren König geworden. Neben der Krone erbte er auch dessen Braut Katharina von Aragon. Sein engster Vertrauter war Kardinal Wolsey. Zu dritt waren sie unschlagbar: die dreiundzwanzigjährige Königin, der gewandte Gelehrte Wolsey und der strahlende junge König, der mehrere Sprachen beherrschte und in der Poesie ebenso zu glänzen verstand wie im Sport. Wolsey kaufte Hampton Court und baute das Anwesen so aus und um, dass er hier im Namen seines Königs die wichtigsten Staatschefs Europas bewirten konnte.

Zwanzig Jahre später war die Magie verflogen. Katharina hatte nach sechs Geburten nur eine überlebende Tochter, Henry wollte einen Sohn – und die Scheidung. Er litt an der fixen Idee, Gott bestrafe ihn für die Ehe mit seiner einstigen Schwägerin, indem er ihm den ersehnten Erben vorenthalte. Außerdem war er schwer in die Hofdame Anne Boleyn verliebt. Da Wolsey dem Papst die Scheidung nicht abpressen konnte, brach Heinrich mit seinem engsten Vertrauten, riss sich dessen Landsitz Hampton Court unter den Nagel und heiratete Anne ohne den Segen Roms. Auch sie schenkte ihm nur eine Tochter: Elizabeth, die später einem ganzen Zeitalter ihren Namen geben würde. Der enttäuschte Gatte schickte Anne nach kurzen Ehejahren wegen angeblicher Untreue aufs Schafott. In rascher Folge kamen und gingen nun die Gattinnen, und eine von ihnen, Catherine Howard, soll noch immer umgehen in der *haunted gallery*, die zur Kapelle führt. Dort versuchte die des Ehebruchs Bezichtigte, Gnade von ihrem betenden Mann und König zu erflehen, wurde aber fortgeschleppt und bald zum Tower und dort zu Tode gebracht.

Heute schaudern hier die Besucher, während die in Tudor-Tracht gewandeten Führer die Geschichte erzählen und zugleich ein vorüberhastender Marschall die Königin – welche bloß? – ankündigt. In der Großen Halle, wo dereinst die Höflinge in zwei Sitzungen speisten, tanzen Kostümierte mit Kindern und Familienvätern. Die anschauliche Darstellung der eigenen Geschichte ist eine Kunst, auf die man sich in England bestens versteht. In Hampton Court verbinden sich Unterhaltung und Unterricht in schönster Weise.

Zurück in der Küche versammeln sich die Food-Archäologen zum Schauessen um eine schwere Eichentafel. Das Tischgebet sprechen sie im Stehen auf Latein, dann werfen sie große Servietten über die linke Schulter und schneiden Brötchen auf. Eher als die Servietten dienen die dazu, den Mund abzuwischen. Der kleine Finger wird zum Aufnehmen von Senf und Saucen benutzt – womöglich ein Grund, ihn beim Trinken vom Gefäß abzuspreizen. Vom Huhn in einer Kruste aus Eigelb und Butter schneiden sich die Tafelnden Stücke mit den eigenen, mitgebrachten Dolchen ab. Dazu gibt es Eintopf mit Kalbfleisch und Mandeln. Die Ernährung am Hof war eindeutig fleischlastig, wiewohl der Fleischverzicht am Freitag aus religiösen Gründen strikt eingehalten wurde. Aus der Amtszeit von Heinrichs und Anne Boleyns Tochter Elizabeth I. ist überliefert, dass binnen eines Jahres tausendzweihundertvierzig Ochsen, achttausendzweihundert Schafe, siebenhundertsechzig Kälber, zweitausenddreihundertdreißig Hirsche, tausendachthundertsiebzig Schweine und dreiundfünfzig Wildschweine verzehrt wurden.

Die Speise-Archäologen essen mit Appetit, plaudern und beantworten Fragen. Ganz seltsam erscheine es ihm manchmal, im Supermarkt einzukaufen, berichtet einer von ihnen: »Der Sinn dieser bunten Schachteln voller fertiger Speisen ist nach einem Tag in den Tiefen der Tudor-Zeit kaum zu begreifen.«

Champagner für den Retter Englands

Zwei Häuser, ein Staatsmann: Blenheim Palace und Chartwell waren die wichtigsten Wohnsitze Winston Churchills

In zufriedener Gewissheit seiner Ewigkeit thront Blenheim Palace auf einer Anhöhe im herrschaftlichen, vom legendären Landschaftsgärtner Capability Brown angelegten Park. »Dies ist die schönste Aussicht in England«, sagte Winston Churchills Vater Lord Randolph mit stillem Stolz zu seiner jungen Frau Jennie, einer Amerikanerin, als die beiden erstmals gemeinsam den Torbogen zu seinem Elternhaus in Oxfordshire passierten.

Bald nach Jennies Antrittsbesuch kam Winston Leonard Spencer-Churchill hier zur Welt. Es war der 30. November 1874. Mutter Jennie war beim Tanz, als sie auf dem Weg vom Ballsaal in ihr Gemach in der Damengarderobe niederkam. Blenheim Palace gehörte dem Großvater des Neugeborenen, dem siebten Duke of Marlborough. Erbe von Haus und Titel war Winstons Onkel, der ältere Bruder Randolphs. Weil der Vater jedoch mit seiner politischen Karriere in London beschäftigt war, verbrachten der kleine Winston, sein jüngerer Bruder Jack und ihre Nanny viel Zeit bei Oma und Opa in Blenheim. Zeitweise übersiedelte die ganze Sippe nach Irland, wo der Großvater seit 1876 als

Vizekönig die Krone repräsentierte; Randolph und Jennie kamen mit, nachdem sie sich mit dem Prinzen von Wales zerstritten hatten und die Luft in London für sie dünn geworden war. Oxfordshire und Irland wurden so die Kulissen einer Kindheit, deren Glück einzig der – standesgemäße – Schulbesuch im Internat trübte.

»In Blenheim habe ich zwei wichtige Entscheidungen getroffen«, bemerkte Churchill einmal in gewohnt süffisanter Art: »Die, geboren zu werden, und die, zu heiraten. Mit beiden bin ich sehr zufrieden.« 1908 hielt er beim Tempel der Göttin Diana im Park um die Hand der jungen Clementine Hozier an. Noch im selben Jahr feierten sie Hochzeit.

Queen Anne schenkte das Land und den Titel des ersten Duke of Marlborough 1702 ihrem Freund und verdienten General John Churchill in Anerkennung seines Sieges gegen die Franzosen in der Schlacht von Blenheim. Allerdings musste der Palast noch gebaut werden. Da der General weiter mit dem Spanischen Erbfolgekrieg zu tun hatte, kümmerte sich seine Frau Sarah, eine enge Vertraute Queen Annes, derweil um die Baustelle in Oxfordshire. Über Sarahs Abwesenheit vom Londoner Hof entfremdeten sich die Freundinnen; es kam zu einem Zerwürfnis, das die königliche Geldquelle versiegen ließ und die Churchills ins Exil zwang. Erst nach Annes Tod 1714 kehrten sie zurück; neun Jahre später war endlich auch der Palast fertig.

Dass Blenheim vielen Besuchern auf den ersten Blick vertraut erscheint, liegt an seinem Erscheinen auf der Leinwand – etwa in Kenneth Branaghs Verfilmung von »Hamlet«, in dem das Schloss Helsingør »spielte«, das Heim des schwermütigen Dänenprinzen. Im wahren Leben ist das barocke Blenheim – das die UNESCO zum Weltkulturerbe zählt – heute ein gutes Beispiel dafür, wie historische Bausubstanz sich als florierendes Unternehmen selbst zu unterhalten vermag. Allein Churchills Geburtszimmer im Erdgeschoss (das Lady Churchill mit dem Säugling im Arm erreichte) mit dem weißen, an zwei Stellen sorgsam geflickten Babyhemdchen hinter Glas, der geblümten Tapete und dem originalen Klingelzug neben dem Bett, ist ewiger Besuchermagnet.

Zur Marke Blenheim gehören neben mehreren Geschenkboutiquen – für Churchill-Verehrer, für Kinder, für Liebhaber englischen Landhausstils – ein Restaurant, ein Café, eine Champagner-Bar und ein hauseigenes Mineralwasser. Weitere solide Standbeine sind der »Nebenjob« des Hauses als Kulisse für Feste und Filme sowie ein Terminkalender, dessen vielseitige Veranstaltungen die Anlage auch für jene interessant machen, die bereits ein Dutzend Mal hier waren.

Wer zum ersten Mal hier ist, bewundert die Einladung für den zehnten Herzog zur Krönung von Elizabeth II. sowie jene Billets, die der elfte Herzog aus dem Buckingham Palace erhielt: zur Hochzeit von Prinz Charles und Lady Diana Spencer, einer entfernten Verwandten der Churchills, und später zu den Beerdigungen von Prinzessin Margaret Rose und der Königinmutter, Queen Mum. Schon diese Karten führen in eine Welt anachronistischen Glanzes: »*Right Trusty and Right Entirely Beloved Cousin, We greet you well!*«, so beginnt die Monarchin ihre Zeilen an den Chef des befreundeten Adelshauses. Stets adressiert sie ihre *peers* als *cousins*; schließlich ist die landbesitzende Klasse eine große Familie.

Die fünfundfünfzig Meter lange Bibliothek, zweitgrößter Raum in einem englischen Privathaus, trägt ihren Namen »Long Library« zu Recht. Eine versöhnliche Statue Queen Annes, eine von Winstons Onkel, dem achten Herzog, eingebaute Riesenorgel sowie die zehntausend Bücher des neunten Herzogs zeugen hier von Glanz und Lebensart derer von Marlborough – und von den vorteilhaften Ehen mit amerikanischen Erbinnen, mit denen einige ihre Verhältnisse zu konsolidieren wussten. Der neunte Herzog etwa, Winstons Cousin und lebenslanger Freund Sunny, zog mit der blutjungen Consuelo Vanderbilt eine schwerreiche Schönheit an Land. Sie schenkte ihm zwei Söhne, bevor die Verbindung an tiefer gegenseitiger Abneigung zerbrach. Der gleich neben der Bibliothek gelegene Salon mit dem gewaltigen Esstisch wird nur genutzt, wenn die Familie – 2014 erbte der zwölfte Herzog Haus und Titel – zum Weihnachtsessen Platz nimmt.

»Wir formen unsere Häuser, danach formen

sie uns«, sagte Churchill einmal. Als Sohn eines Zweitgeborenen wusste er seit frühester Kindheit, dass er in Blenheim später stets Gast seines Cousins Sunny sein würde. Im Vergleich zu einer solchen Kindheitskulisse mussten künftige Wohnungen recht blass wirken, doch boten sie Gelegenheit für eigenes Gestalten. 1922 erwarb Churchill im Alter von achtundvierzig Jahren sein Traumhaus: das Anwesen Chartwell in Kent. Das auf einem Hügel gelegene viktorianische Haus befand sich in bequemer Nähe zur Kapitale und war überdies umgeben von einem riesigen Grundstück. Den Ausschlag aber gaben die Aussichten auf den Kentischen Weald, eine Waldlandschaft mit Hügeln und Hecken. Er griff zu.

Allerdings versäumte er, sich vor dem Kauf mit Clementine zu besprechen. Sie war entsetzt: Das Haus war zu teuer, es würde sie ruinieren. Tatsächlich mussten die Churchills, die hier mit vier Kindern einzogen, es zweimal zum Verkauf anbieten. Glücklicherweise war der Engpass in beiden Fällen schneller überwunden, als sich ein Käufer finden ließ. In Chartwell verbrachte Churchill jene zähen Jahre, in denen seine politische Karriere gescheitert und am Ende schien. Er schrieb Bücher und Artikel, er malte und bewirtete illustre Gäste, er hämmerte und baute am Haus, half die Seen auszuheben und warnte immer wieder – vergeblich – vor den Entwicklungen in Deutschland. Er haderte mit der ihm aufgezwungenen politischen Passivität. Dann kam der Zweite Weltkrieg und mit ihm die zweite Chance. Dank einer außerordentlichen strategischen Begabung und der Wucht seiner Persönlichkeit, die bislang vor allem stark polarisiert hatte, wurde er nun dringend gebraucht.

Mit seiner Berufung zum Kriegspremier im Mai 1940 tauschte er den bequemen Landsitz gegen die Cabinet War Rooms in London, die man heute die Churchill War Rooms nennt. Hundertfünfzehn Kabinettssitzungen leitete er im Regierungsbunker und schlief entweder hier oder in 10 Downing Street. In Chartwell verbrachte er während des Krieges kaum ein Wochenende, obwohl er wusste: »Jeder Tag, an dem ich nicht in Chartwell bin, ist verschwendet.« Nun aber war anderes wichtiger. Zudem lag sein geliebter Landsitz in der Einflugschneise der deutschen Luftwaffe. Vor allem bei Vollmond war das Anwesen leicht zu identifizieren: Chartwell war gefährlich geworden. Während der Kriegsjahre verbrachten die Churchills deshalb viele Wochenenden in Chequers in Buckinghamshire, seit 1921 der offizielle Landsitz der britischen Premierminister.

Nachdem Churchill sich als Retter Englands, wenn nicht der Welt erwiesen hatte, kaufte eine Gruppe seiner Freunde das Anwesen und gewährte Winston und Clementine lebenslanges Wohnrecht, bis Chartwell nach beider Tod an den National Trust fallen sollte. Das Haus, in dem Harry Truman, Charlie Chaplin, die Queen Mother, Lawrence von Arabien und viele andere prominente

Persönlichkeiten zu Gast waren, ist eingefroren wie eine Momentaufnahme aus Churchills Lebzeiten und heute ein Pilgerziel wie das Grab Thomas Beckets in der Kathedrale von Canterbury.

Beim Kauf der Eintrittskarte wird den Besuchern ein Zeitfenster für den Rundgang durchs Haus genannt. Denn trotz des regen gesellschaftlichen Leben seiner einstigen Bewohner ist das Haus für den touristischen Ansturm einfach nicht gemacht. Langsam schieben sich die Besucher durch die Räume des Parterres ins Treppenhaus, das mit Churchills Gemälden und Porträts des Politikers geschmückt ist. Oben sind seine Uniformen, Kopfbedeckungen und zahlreiche Orden ausgestellt. In Lady Churchills Schlafzimmer mahnt ein Schild auf der Tagesdecke des Bettes: »*Please try not to touch*«. Versuchen Sie, nichts zu berühren. Mancher muss sich zügeln, nicht doch verstohlen eine Hand über das Textil gleiten zu lassen.

Auch mehr als fünfzig Jahre nach seinem Tod ist die Faszination des charismatischen Staatsmannes ungebrochen. Zum einen liegt das am ohnehin lebhaften Interesse vieler Engländer an der Historie ihres Landes; zum anderen konzentriert sich in der Person Churchills jenes triumphale Kapitel der Geschichte, in dem das tödlich bedrohte Inselreich einen scheinbar übermächtigen Gegner besiegte. In den Zimmern, in denen er lebte, sind die Stimmungen jener Tage fassbar, in denen sich die Krise immer weiter zuspitzte, bis ein Krieg ausbrach, dessen Ausgang niemand kannte – und vor dem Churchill seit Jahren schon gewarnt hatte, eindringlich und einsam.

Dass der Politiker obendrein ein großer Sprücheklopfer war und das Haus heute auch mit seinen Bonmots dekoriert ist, macht die Reise durch sein Leben höchst unterhaltsam. »Die Geschichte wird mich freundlich beurteilen, da ich vorhabe, sie selbst zu schreiben«, ist zu lesen, oder: »Ohne Champagner könnte ich nicht leben. Bei Siegen verdiene ich ihn. Bei Niederlagen brauche ich ihn.« Freundliche und gut informierte *guides* machen deutsche Besucher auf die silberne Obstschale aufmerksam, die Konrad Adenauer Churchill schenkte, »als wir wieder Freunde waren«. Und immer haben sie die passenden Anekdoten auf Lager: Wie Churchill, als das Geld knapp war – erst nach dem Krieg sollten seine Bücher ihm großen Wohlstand bescheren und 1953 gar den Nobelpreis für Literatur einbringen –, eines Nachmittags ins Esszimmer kam und dort keinen Kuchen vorfand; und wie Clementine ihm beschied, sie könnten sich derlei Luxus nicht mehr leisten. »Nicht?«, soll er erwidert haben. »Dann muss ich mehr arbeiten. Und ich werde meinen Champagnerkonsum von fünf auf zwei Flaschen pro Woche reduzieren.«

Das Arbeitszimmer, ein großer Raum mit in den Wänden eingelassenen Bücherregalen und Deckenbalken des im 16. Jahrhundert errichteten Vorgängerbaus, ist das natürliche Herzstück Chartwells. Hier schrieb Churchill einen Großteil seiner dreiundvierzig Bücher, hier diktierte er Reden und Artikel. Auf dem Schreibtisch aus Mahagoni, den er von seinem Vater geerbt hatte, stehen Familienfotos. Papiere, Füller und eine Brille suggerieren, dass Churchill jeden Moment wieder hier Platz nehmen könnte.

Dieses Arbeitszimmer summiert Churchills Leben: Ein gewaltiger Union Jack hängt von der Decke. Er war die erste britische Flagge, die im Juni 1944 im befreiten Europa gehisst wurde – in Rom. Die Wände schmücken Porträts seiner Mutter Jennie und seiner Frau Clementine. Ein großes Gemälde über dem Kamin zeigt Blenheim Palace. Unter blassblauem Himmel liegt das Schloss, 1770 von einem unbekannten Künstler gemalt. Es hat sich kaum verändert.

Iss nie deine Schnecken in einem Bus

In einem Tal in East Sussex versteckte sich Rudyard Kipling mit seiner Familie und dem Rolls Royce vor der Welt

»Schaut uns an, die rechtmäßigen Besitzer eines grauen, flechtenbewachsenen Steinhauses – 1634 steht über der Tür – mit Balken, Holzpanelen, einer Treppe aus alter Eiche, alles unberührt und unverfälscht«, schrieb Rudyard Kipling voller Freude, als er und seine Frau Carrie 1902 Bateman's kauften. Der Himmel selbst habe ein Auge auf das Haus gehabt und es vor viktorianischer Modernisierungswut bewahrt, indem er dem Pfarrer eingegeben habe, das Haus seinem Verwalter anzubieten. Der wohnte dort vierzig Jahre lang, »in friedvollem Schmutz«, so Kipling, und hinterließ alles, wie er es vorgefunden hatte.

So ist – abzüglich des Schmutzes – auch der National Trust vorgegangen, der das Haus seit Carries Tod im Jahr 1939 verwaltet. Die Stiftung macht Teile von Kiplings Haus, den gesamten Garten und das umliegende Land der Öffentlichkeit zugänglich. Wie der sechsunddreißigjährige Kipling und seine drei Jahre ältere Frau es einst bei einer Spazierfahrt entdeckten, liegt Bateman's noch immer in einem Tal des Sussex Weald: von Wald umgeben, außer Sichtweite von Straßen, Strommasten und dem Besucherparkplatz, scheinbar unberührt vom 21. Jahrhundert.

Von 1902 bis zu seinem Tod am 18. Januar 1936 – seinem vierundvierzigsten Hochzeitstag – lebte Kipling in Bateman's. Nach ihrer Rückkehr aus Carries Heimat in Neuengland hatten die Kiplings sich zunächst in Rottingdean bei Brighton niedergelassen. Nach dem Tod der sechsjährigen Tochter Josephine, die an einer Lungenentzündung starb, wurde das Leben dort für sie unerträglich. Dass beinahe täglich von Pferden gezogene Busse vor dem Haus hielten, deren Passagiere die Kiplings besichtigen wollten und ungeniert in die Fenster starrten, trug wenig zur Besserung ihrer Gemütslage bei. »Wie unverschämt«, soll sich indigniert eine Frau geäußert haben, als Kipling ihr den Vorhang vor der an die Scheibe gepressten Nase zuzog. Seit einiger Zeit leistet Rottingdean mit einem jährlichen Kipling-Festival Abbitte.

Schon aufgrund der abgeschiedenen Lage – zu erreichen war Bateman's nur von ortskundigen Autofahrern –, aber auch wegen des riesigen, bis zum Fluss Dudwell reichenden Gartens gefiel den Kiplings das Haus auf den ersten Blick. Doch sie zögerten – und es wurde vermietet. Als das Anwesen wieder auf den Markt kam, schlug Kipling zu und kaufte es für neuntausenddreihundert Pfund. Das war nicht der Spottpreis, nach dem es heute klingt, stellte für den Bestsellerautor dennoch kein Problem dar.

Der Anblick der Besucher, die heute Tag für Tag

das Kassenhäuschen passieren und durch Kräutergarten und Obsthain ins Tal schlendern, wo sie zuerst die Remise mit dem glänzenden blauen Rolls Royce erreichen – »das einzige Auto, das ich mir leisten kann, weil es nie liegenbleibt«, kommentierte Kipling kokett diese Extravaganz – und dahinter das Wohnhaus, hätte den Autor indessen mit Schrecken erfüllt. Denn der berühmteste englische Schriftsteller seiner Zeit scheute die Öffentlichkeit. Wer ihn sprechen wollte, musste mit seiner Frau Carrie, einer energischen Amerikanerin, einen Termin vereinbaren. Das war nicht leicht. »Sie schirmte ihn so gut ab, dass sie bei seinen Freunden und Verwandten nicht beliebt war«, sagt einer der *guides*, die in jedem Raum das Mobiliar bewachen und aus dem Leben des in Bombay geborenen Autors erzählen.

Weil Kiplings Kurzgeschichten, Gedichte, der Roman »Kim« und die Erzählungen für Kinder, auch ohne Disneys Bearbeitung des »Dschungelbuchs«, bis heute fest zum englischen Literaturkanon gehören, ist sein Haus auch Jahrzehnte nach dem Ende des *Empire* noch immer ein Besuchermagnet. Die *guides*, belesene Ruheständler, zeigen den Besuchern die Luke über dem Kamin im zimmergroßen Flur, durch die Carrie Kipling unangemeldete Gäste von ihrem Büro aus unbemerkt einer optischen Prüfung unterziehen konnte. Sie berichten, wie ein Kipling-Kenner vor einigen Jahren das Arbeitszimmer im ersten Stock besichtigte. Er wies darauf hin, dass das sorgsame

Arrangement der persönlichen Gegenstände Kiplings kaum seinen Alltag und seine Arbeitsweise spiegelten. Denn der Autor schrieb stets mit vollem Körpereinsatz: Nach einigen Stunden schöpferischer Arbeit war sein Tisch mit Tinte bespritzt, und neben gelungenen Textpassagen hatte Kipling Schwaden von Zigarettenrauch, heillose Unordnung und große Mengen Altpapier produziert.

Heute ist Kiplings Welt authentisch rekonstruiert. Die beiden Bronzeplatten am Treppenabsatz mit Motiven aus dem »Dschungelbuch« und aus »Kim« fertigte Kiplings Vater John Lockwood an, ein Kunstlehrer, der später ein Museum in Lahore leitete. Auch das Arbeitszimmer ist detailfreudig rekonstruiert, bis hin zum kreativen Chaos auf dem Schreibtisch. Der Papierkorb, den das Dienstmädchen einst dreimal täglich leerte, quillt nun wieder über; ein Kästchen mit Zigaretten steht offen auf dem türblattgroßen, von Notizzetteln und aufgeschlagenen Büchern bedeckten Schreibtisch. Flankiert wird er von einem Tischchen mit der Schreibmaschine darauf. Auch das von Zigarettenbrandlöchern gezeichnete Tagesbett, auf dem Kipling sich von all den Anstrengungen ausruhte, ist erhalten. Der Raum, dessen Fenster den Blick auf eine wunderschöne Hügellandschaft öffnen, wirkt tatsächlich, als wäre der Autor nur eben vor die Tür getreten.

Die Besucher schieben sich durch den kleinen *dining room*, in dem die Kiplings den französischen Ministerpräsidenten Georges Clemenceau und

Lawrence von Arabien bewirteten. Kiplings Cousin Stanley Baldwin, Politiker und Premierminister, kam mit der ganzen Familie zum Essen. Dunkel sind der Tisch und der schwere Holzschrank. Wie die Täfelung im Flur und die Treppe stammt beides aus dem Holz der Eichen, die in der Umgebung so dicht wachsen, dass man sie auch das Unkraut Sussex' nennt.

Die mit Blüten und Vögeln bemalte lederne Tapete aus Córdoba kaufte Carrie Kipling für hundertzwölf Pfund aus zweiter Hand. Sie war eine der wenigen erkennbaren Extravaganzen außerhalb der Garage. Die Gäste kamen eher der Unterhaltung als des Essens wegen: Kipling musste wegen seines nervösen Magens auf scharfe Speisen verzichten, wie er sie aus Indien kannte und liebte; stattdessen gab es gedünsteten Fisch und sparsam gewürztes Huhn. Immerhin war der Wein gut. Zum Essen zog man sich um, die Tischzeiten von dreizehn und zwanzig Uhr wurden strikt eingehalten. Der Vormittag gehörte der Arbeit.

Das Himmelbett mit den Initialen des Paares steht heute im einstigen Gästezimmer. Das große Schlafzimmer mit Aussicht auf den Garten und das Land, das Kipling nach und nach zukaufte, erzählt anhand von Fotos, Briefen und Zeichnungen von den Höhen und Tiefen im Leben Kiplings. Die Besucher studieren Tafeln und betrachten ehrfürchtig die Urkunde aus Stockholm. Fünf Jahre nach dem Einzug in Bateman's House erhielt Kipling 1907 den Nobelpreis für Literatur. Er ist nicht nur bis heute der jüngste, er war auch der erste englische Preisträger – und das, obwohl der am 30. Dezember 1865 geborene Autor die englische Sprache in seiner Kindheit als fremd empfand, wie er in seinen Erinnerungen berichtet, und erst während seiner Schulzeit in England intensiven Umgang mit seiner Muttersprache pflegte.

Drei Medaillen des Sohnes John kehrten 2015 aus Anlass seines hundertsten Todestags zum ersten Mal seit Carries Tod nach Bateman's zurück. Seine Schwester Elsie, das einzige der drei Kipling-Kinder, dem ein langes Leben beschieden war, hatte sie bis zu ihrem Tod 1976 in ihrem Besitz. John fiel bei seinem ersten Einsatz im Weltkrieg in der Schlacht von Loos im Alter von gerade achtzehn Jahren – eine weitere Tragödie für die Kiplings.

Elsies Zimmer ist heute den Kindheitsjahren der Kipling-Sprösslinge gewidmet und zeichnet zugleich ein Bild des so liebevollen wie unterhaltsamen Vaters. Auf dem Tisch liegen Fotos, Ordner mit den Biografien der Kinder und Kopien der Briefe, die Kipling an Elsie schrieb. »Ducky-Dicky-bird«, beginnt er zärtlich einen Brief an die Zwölfjährige, in einem anderen rät er ihr, niemals »Kuchen, Austern, Schnecken oder Pfefferminzbonbons« im Bus zu essen: »Es stört die Fahrgäste.« Aus den Geschichten, die er der Erstgeborenen Josephine erzählte, wurden später die »Genau-So-Geschichten«.

Mit dem Ledersessel neben dem Kamin, den Eichenpanelen und den Bücherregalen mit viel

Dickens darin wirkt der Raum wie eine Zeitkapsel. Aus einem alten Radiogerät erklingt die ferne Stimme des Schauspielers Ralph Fiennes, der Auszüge aus Kiplings Gedicht »If –« vorträgt. Sonst ist nichts zu hören, die Welt ist so ausgesperrt, wie Kipling es sich wünschte. Fast könnte man hier glauben, dass der – von ihm zunächst stark befürwortete – Kriegseintritt nur eine dunkle Wolke am Horizont der Zukunft ist.

Vor dem Haus aber recken Besucher ihre Kameras in die Höhe. Der Mulberry Garden, dessen Maulbeerbaum in den neunziger Jahren ersetzt werden musste, wurde ebenso von den Kiplings angelegt wie der Rosengarten mit dem kleinen Teich. Jenseits einer Hecke erstreckt sich ein wilder Garten bis zum Fluss und einer alten Wassermühle. Heute ist dies ein Spielplatz für alle. Unter dichten Rhododendren scharren Hühner. Überall stehen Bänke für die Besucher. Ein Café und der obligatorische *shop* sind fast unmerklich ins Gebäude-Ensemble eingefügt. Wo einst John und Elsie Verstecken spielten, einander im Licht der Dämmerung erschreckten und ihren Vater zu weiteren Geschichten für Kinder inspirierten, sitzen heute Kipling-Fans und essen Sandwiches und Kekse.

Vom Glück in Gummistiefeln

Wie man Dornröschen wachküsst: Unterwegs in den Gärten von Heligan und Eden in Cornwall

Sogar die Rotkehlchen wirken hier merkwürdig zutraulich. Ihr Gezwitscher mischt sich mit dem Blöken von Schafen und dem fernen Murmeln von Geistern aus dem vergangenen Jahrhundert. Auf der Rückwand eines Häuschens im Melonengarten hinterließen die Gärtner von Heligan ihre Unterschriften, bevor sie 1914 eingezogen wurden. Die meisten der Namen finden sich im nahen St. Ewe wieder – auf einem Kriegsdenkmal.

Gegenüber dem Sonnenuhrengarten liegt der Friedhof der Haustiere, mit schiefen Grabsteinen für die Hunde, die im 19. Jahrhundert hier spielten. Dazwischen bilden der italienische Garten, ein Blumen- und Küchengarten, ein georgianischer Ananas-Graben, zweihundert Jahre alte Bäume aus Nepal, ein Wunschbrunnen, eine Grotte, an deren Decke Kristalle funkeln und »Neuseeland« – eine botanische Miniatur dieses entlegenen Teils des *Empires* – ein Universum, das seine Besitzer unabhängig machte vom Rest der Welt. Südlich des Herrenhauses führen die Terrassen des »Dschungels«, eine um Teiche angelegte Wildnis aus subtropischer Vegetation, und das »verlorene Tal« zur Küste und dem Fischerdorf Mevagissey hinab. Heligan, im 12. Jahrhundert erstmals erwähnt, ist ein verwunschener Ort mit so dichter Atmosphäre, dass einmal ein Priester herbeigerufen wurde, um etwaige Geister zu exorzieren. Zuvor hatten die Berichte über schwebende Blumentöpfe und Raunen aus dem Dickicht überhandgenommen.

Gut siebzig Jahre hatte die Natur, um an den Gärten von Heligan ein Exempel zu statuieren. Nach dem Ersten Weltkrieg vermietete die Familie Tremayne ihr Haus, bevor sie es verkaufte und es schließlich in Wohnungen unterteilt wurde. Das Grundstück, das einstmals von zweiundzwanzig Gärtnern gehegt wurde, blieb in all der Zeit sich selbst überlassen. Als der gebürtige Niederländer Tim Smit 1990 zusammen mit dem verzagten Erben John Willis einen Blick auf das Areal rund um den Herrensitz werfen wollte, mussten die beiden sich den Weg mit Macheten freischlagen. Die Gärten, für deren Glanzzeit drei ambitionierte Generationen der Tremaynes im 19. Jahrhundert verantwortlich waren, lagen unter einer meterdicken Schicht aus Efeu, Brennnesseln, Brombeeren und himmelwärts geschossenen exotischen Büschen und Bäumen, scheinbar auf ewig verloren – aber auch unberührt von den gärtnerischen Ideen des 20. Jahrhunderts, die viele der alten Gärten Cornwalls entscheidend verändert haben.

Der Gartenliebhaber und Archäologe Smit erkannte die Romantik eines Vorhabens, das andere vielleicht als irrsinnig bezeichnet hätten. Vor seinen Augen stieg ein schon etwas verblichenes, sepiafarbenes Bild aus viktorianischen Tagen auf, die Momentaufnahme einer Vergangenheit, die – wer weiß, wie lange noch erkennbar? – unter der Wildnis verborgen lag. Mithilfe zahlreicher Sponsoren, der detektivischen Fähigkeiten englischer Gartenexperten, des erhaltenen Journals des *head gardeners*, zweihundertfünfzig ausgegrabener Blumenetiketten aus Zink und Blei sowie einer großen Zahl Freiwilliger holte Smit die »Lost Gardens of Heligan« zurück ins Leben.

Das größte Gartenrestaurierungsprojekt Europas soll es gewesen sein, wobei man sich anderswo vermutlich insgesamt weniger mit der Wiederherstellung verwilderter Grünflächen beschäftigt. Die sprichwörtliche Obsession vieler Engländer für Botanik beruht nicht auf Gerüchten. Die Begeisterung ist klassenübergreifend, womöglich genetisch verankert und bricht gewöhnlich spätestens bei Erreichen der Lebensmitte aus. In den großen Gärten sieht man die Betroffenen, mit Notizblocks und Gummistiefeln ausgerüstet, über Stauden und Zwiebeln gebeugt. Fast scheinen sie in den Beeten zu verschwinden, im Geist die heimischen Blumenrabatten und Kräutergärten neu strukturierend. Die Maxime Vita Sackville-Wests, der Schriftstellerin und Schöpferin des weltberühmten Gartens Sissinghurst in Kent, hat ihre Gültigkeit bewahrt: »Lasst uns pflanzen und fröhlich sein, denn im nächsten Herbst sind wir vielleicht alle ruiniert.«

So kommt es auch, dass Alison, Besitzerin eines

Bed and Breakfast, das einer Gruppe von Unterkünften »*for Garden Lovers*« angehört, ihre Gäste schon vor der Zubereitung der Frühstückseier in den Garten führt, um auf die früh und rosa blühende Camellia Williamsii »St. Ewe« aufmerksam zu machen, eine nach dem nahen Dorf benannten Kamelie. Nebenbei gibt sie Tipps, auf welche Details in Heligan besonders zu achten sei. Schmetterlinge tanzen in der Morgensonne, Hunde tollen über den Rasen. Sogar der Esel auf dem Nachbargrundstück scheint ein wenig neidisch auf diese Idylle zu blicken.

Kaum waren die verlorenen Gärten aus ihren Träumen gerüttelt, machte Smit sich ans nächste Vorhaben: das »Eden Project«, das in einer fünfzig Meter tiefen, stillgelegten Kaolinit-Grube bei St. Austell heute unter einer Reihe riesiger Kuppeln die Pflanzen mehrerer Klimazonen und den weltgrößten Indoor-Regenwald beherbergt. Im Jahr 2001 wurde dieses wohl größte Gewächshaus der Welt eröffnet, das alle Aspekte der Abhängigkeit des Menschen von der Flora darstellen und erklären will.

Tim Smit hat nicht nur die überwucherten Gärten von Heligan wachgeküsst, sondern mit den beiden gigantischen Projekten der gesamten Region einen neuen Impuls gegeben. Auch dadurch ist die Euphorie zu erklären, die die ausgegrabenen Gärten und das futuristische Eden begleitete. Als Smit sein Werk begann, lag Cornwall mit Steilklippen, Fischerdörfern, verschwiegenen Buchten und subtropischen Parks wie Trebah, Trelissick und Glendurgan in anmutiger Armut. Bis zur Jahrtausendwende war die Arbeitslosigkeit geradezu dramatisch; als ärmste Region des Vereinigten Königreichs wurde Cornwall durch Wirtschaftsförderungsprogramme der Europäischen Union unterstützt. Denn mit dem Abbau von Zinn und Kupfer, früher Haupteinnahmequelle der Region, war schon lange kein Geld mehr zu verdienen, wie die halb verfallenen Maschinenhäuser beweisen, denen Wanderer hier noch häufiger begegnen als verwitterten keltischen Steinkreuzen. Auch die Fischerei bringt wenig ein, und der Landwirtschaft mangelt es an fruchtbaren Böden. Es bleiben Dienstleistungen und der Tourismus, der sich allerdings, wiewohl das Klima ganzjährig mild ist, vor allem auf die Sommermonate konzentriert. Das verzauberte Land, verwunschen, weltenfern, zeitlos, ist zudem bis heute nicht leicht zu erreichen: Flugverbindungen sind rar, die Anreise per Fähre lang, Eisenbahn und Auto brauchen gute fünf Stunden von der Hauptstadt bis in die südwestlichste Ecke der Insel. 2016 stimmte Cornwall der erhaltenen Zuwendungen der EU zum Trotz mehrheitlich für den »Brexit«. Am Tag nach dem Referendum ließ man bang in London anfragen, ob die Zuschüsse, die man aus Brüssel zu erhalten gewohnt war, künftig aus der Kapitale gen Westen fließen würden. Dort wollte sich zu diesem Zeitpunkt niemand festlegen.

Mit den Lost Gardens of Heligan und dem Eden

Project hat der Südwesten nicht nur neue Arbeitsplätze bekommen, sondern auch zwei ganzjährig zugängliche Attraktionen, die mit ihren Landschaftsbildern aus Vergangenheit und Zukunft Hunderttausende Besucher anziehen. Vierhundert Angestellte sind im Garten Eden beschäftigt. Auch sonst sind die Dimensionen eindrucksvoll. Über hunderttausend Pflanzen repräsentieren fünftausend Arten, innerhalb weniger Stunden können Besucher im Regenwald schwitzen, unter mediterranen Olivenbäumen flanieren und via Kalifornien und Südafrika einen raschen Streifzug durch die Welt bis zurück nach Cornwall unternehmen. Schon der Ausblick auf die Parkplätze verursacht mildes Schwindelgefühl. Garten und Kuppeln im Krater nehmen eine Fläche von nicht weniger als dreißig Fußballfeldern ein. Heligan ist heute einer der meistbesuchten Gärten der Britischen Inseln. Zudem ist er ein Symbol dafür, dass das Sterben kornischer Gärten – seit sechzig Jahren schon verschwinde alle zwei Jahre einer der großen unter Efeu oder Beton, heißt es – aufzuhalten ist.

Das zu Heligan gehörende Haus ist der Öffentlichkeit nicht zugänglich, und äußerlich reicht es an die Pracht großer Herrensitze wie etwa Lanhydrock in Bodmin kaum heran. Die Familie Tremayne hat im Gegensatz zu den Bewohnern anderer historischer Häuser weder durch exzentrische Lebensführung noch durch höfische Skandale oder sonstiges Eingreifen in die Geschicke Englands von sich reden gemacht. Was von ihr blieb, sind ein paar

Fenster und die Grabstätte in der örtlichen Kirche. Der Rest sind Gärten.

Jedes Beet, jeder Baum, jedes Gewächshaus erzählt Geschichten aus einer Zeit, als die Menschen auf der Suche nach exotischen Gewürzen um die Welt reisten und Gewächse mitbrachten, wie sie daheim noch niemand gesehen hatte. Im Italienischen Garten gedeiht eine der ersten Kiwi-Pflanzen, die den Weg nach England fanden. Von Pavillons öffnen in Hecken geschnittene Fenster den Blick auf die grünen Hügel der Küste. Leicht kann man sich hier in eine Zeit zurückdenken, als einschlägige Leitfäden gartenverrückten Engländerinnen erklärten, wie man beim Entfernen welker Blüten schicklich zu Werke geht. Arbeitsgeräte wie der »Witwenmacher«, der zum Sprühen von allerhand Giften verwendet wurde, räumen mit verklärenden Ideen vom gesunden viktorianischen Garten auf.

Die Gärten von Heligan sind kein abgeschlossenes Werk und wollen es auch nicht sein. Viele ihrer Geschichten sind noch immer ohne Schluss – weshalb die Bewohner der Umgebung aufgefordert wurden, in ihren Familien nach Anekdoten zu forschen, die Auskunft über den Alltag in Haus und Gärten im 19. und frühen 20. Jahrhundert geben. Die Erkenntnisse sind vielfältig. Aus diesen Quellen rührt unter anderem die Schätzung, etwa die Hälfte der heutigen Bevölkerung Mevagisseys sei in den überwucherten Gärten von Heligan gezeugt worden.

Vier Damen und ein Cottage

Unverheiratet bleibt der Frau ohne Vermögen nur das Schreiben: Zu Besuch bei Jane Austen in Chawton

Vor der Standuhr ruht in einer Ecke des Esszimmers das zwölfeckige Tischchen. Kaum größer als ein Tablett ist es. Nur die schützende Glasscheibe lässt ahnen, dass dieses Möbelstück kein zufälliges Accessoire ist. Denn hier nahm jeden Morgen nach dem Frühstück Jane Austen Platz und schuf Weltliteratur. Ihre Romane »Sense and Sensibility« (Verstand und Gefühl) und »Pride and Prejudice« (Stolz und Vorurteil) überarbeitete sie, »Mansfield Park«, »Emma« und »Persuasion« (Überredung) schrieb sie am Walnusstisch neben dem Fenster. Manchem Besucher, so heißt es, schössen angesichts des so bedeutsamen Miniaturmöbels Tränen in die Augen.

Leichthändig, elegant und mit subtiler Ironie beschrieb Jane Austen die Welt der englischen Mittel- und Oberschicht um die Wende zum 19. Jahrhundert, sodass mancher Leser kaum erfasste, welche Brandsätze da zwischen Picknicks, Bällen und Besuchen platziert waren. »Männer haben immer den Vorteil vor uns gehabt, dass sie ihre Geschichte selbst erzählen konnten«, bemerkt etwa Anne Elliot in »Überredung«: »Sie haben die Vorzüge der Bildung in viel größerem Maß genossen; sie haben immer die Feder in der Hand gehabt.« Jane Austen wusste nur zu gut, wovon sie schrieb: Ihre eigene Schulausbildung endete, als sie elf Jahre alt war. Fortan lasen sie und ihre ältere Schwester Cassandra sich durch die elterliche Bibliothek, doch ihre formale Erziehung galt als abgeschlossen.

Das Haus im Dörfchen Chawton, in dem sie mit Cassandra, ihrer Mutter und der Freundin Martha Lloyd die letzten acht Jahre bis zu ihrem Tod im Juli 1817 verbrachte, ist als einzige erhaltene Wohnstätte der Schriftstellerin seit 1949 ein Pilgerziel für Austen-Liebhaber. An einer Biegung der Hauptstraße erhebt sich das unauffällige Gebäude. Gegenüber liegen der Pub »The Greyfriar« und ein Parkplatz, der in Stoßzeiten schnell überfüllt ist. Zwischen vierzigtausend und fünfzigtausend Besucher strömen jedes Jahr durch das Haus der vier Damen. Als 1995 die *BBC*-Verfilmung von »Stolz und Vorurteil« mit Colin Firth als Mr. Darcy – nicht zuletzt durch eine Szene mit Firth im tropfnassen weißen Hemd – eine neue Welle der Austen-Begeisterung lostrat, und als sich im Jahr 2017 Austens Todestag zum zweihundertsten Mal jährte, schossen die Zahlen steil nach oben.

Die Besucher betrachten das Schlafzimmer im oberen Stockwerk, das die Schwestern sich wie in Jugendtagen teilten; den riesigen Quilt hinter Glas, den die vier Frauen an ungezählten Abenden nähten; Vitrinen mit einer Locke des Vaters und Briefen sowie eine Kopie von Jane Austens Testament an der Wand. Fast alles hinterließ sie ihrer Schwester. Achthundertacht Pfund hatte sie erschrieben, ein immenses Vermögen für eine Frau, die weder geerbt noch geheiratet hatte.

Die überschaubaren Möglichkeiten von Frauen, ihr Leben zu gestalten, waren das Leitmotiv ihres Lebens und ihrer Bücher. Die unglücklichen Ehepaare ihrer Romane, meist in der Elterngeneration der Heldin anzutreffen, sind warnendes Beispiel und Beweis, dass Ehelosigkeit der Heirat mit einem unpassenden Partner vorzuziehen sei. Doch in einer Zeit, da Erwerbstätigkeit von Frauen aus Mittel- und Oberschicht nicht vorgesehen war, brachte solch mangelhafte Kompromissbereitschaft einen schwerwiegenden Nachteil mit sich: Unverheiratet blieb die Frau ohne Vermögen auf Wohlwollen und Unterstützung männlicher Verwandter angewiesen.

Kaum jemand wusste das besser als Jane Austen selbst. Während es der mittellosen Fanny Price, der ebenso armen Elinor Dashwood und der mit dem schweren Gepäck von vier teils albernen Schwestern und einer geschwätzigen Mutter auf den Heiratsmarkt entsandten Elizabeth Bennet gelingt, Versorgung und Romantik in der Partnerwahl zu einen, blieb die Autorin ihr Leben lang von ihren Brüdern abhängig. Eine Romanze mit zwanzig endete ohne Verlobung. Den Antrag des jungen Harris Bigg-Wither, bei dem nur die Finanzen stimmten, lehnte sie sieben Jahre später ab.

Da selbständiges Wohnen für ledige Frauen

keine Option war, zog Jane Austen, am 16. Dezember 1775 in Steventon in Hampshire als siebtes von acht Kindern des Pfarrers George Austen und seiner Frau Cassandra Leigh geboren, ihr Leben lang der Familie hinterher. Als sie fünfundzwanzig Jahre alt war, ging Vater Austen in den Ruhestand. Die Eltern räumten das Pfarrhaus, in dem Jane ihre ersten drei Romane geschrieben hatte, für Sohn James, der dem Vater nachfolgte, und gingen mit den beiden Töchtern nach Bath. Das Leben im trubeligen Kurort war ein Schock, auf den Jane Austens literarisches Schweigen in jener Zeit zurückgeführt wird.

Nach dem Tod des Vaters 1805 zogen Jane und Cassandra zu ihrem Bruder Frank, einem Admiral, nach Southampton. Als Bruder Edward das beträchtliche Erbe eines Cousins seines Vaters antrat, bot er Mutter, Schwestern und ihrer Freundin Martha an, ein *cottage* auf seinen Gütern in Kent oder in Hampshire zu beziehen. Die Frauen entschieden sich für das nicht weit von Steventon gelegene Chawton in Hampshire, wo viele ihrer Freunde lebten. Am 7. Juli 1809 zogen sie ein.

»Als sie nach Chawton kam, hatte sie noch nichts veröffentlicht«, erklärt eine der Damen, die im Haus über das Mobiliar wachen, und fügt stolz hinzu: »Mit ihrem Einzug kam der Erfolg.« Zum ersten Mal kehrte nämlich auch Ruhe in ihr Leben ein. Die Vormittage gehörten intensiver Arbeit; die Nachmittage Spaziergängen, Klavierspiel und Unterhaltung, die Abende der Lektüre. Schlag auf

Schlag erschienen nun die Romane: 1811 »Verstand und Gefühl«, 1813 »Stolz und Vorurteil«, 1814 dann »Mansfield Park« und ein Jahr später die unsterbliche »Emma«. Der frühe Roman »Northanger Abbey« und »Überredung«, ihr letztes Werk, erschienen erst nach ihrem Tod.

Die vier Damen wohnten komfortabel im *cottage*, das eher ein Landhaus mit Garten und Wirtschaftsgebäuden war, und spazierten zum zehn Gehminuten entfernten Herrensitz, wann immer Edward dort mit seiner Familie residierte. »Zwischen drei und vier ging ich zum Großen Haus hinüber und vertrödelte dort sehr angenehm eine Stunde«, notierte Jane 1814. Chawton House liegt noch immer idyllisch an einem Hügel, von Parkland und Schafweiden umgeben und vom Kirchlein St. Nicholas flankiert, auf dessen Kirchhof später Janes Mutter und ihre Schwester bestattet wurden.

Seit 2015 ist Chawton fürs Publikum geöffnet. Als Edwards Nachfahren es verkauften, sollte es zum Golfhotel werden. Doch dann trat die amerikanische Unternehmerin Sandy Lerner auf den Plan, ließ das Haus aufwendig restaurieren und verwirklichte hier 2003 ihren Traum, eine wissenschaftliche Bibliothek für die Werke früher englischer Autorinnen zu begründen. Zehntausend Werke aus der Zeit von 1600 bis 1830 besitzt die Chawton House Library, darunter viele Erstausgaben.

»Zu unseren ehrenamtlichen Helfern gehören

auch Nachfahren von Edwards Familie«, sagt Anthony Hughes Onslow, Manager von Chawton House und studierter Germanist. Doch wichtiger als die andauernde Verbindung zu Jane Austens Familie sei die Bibliothek selbst: »Jane Austen war die berühmteste der frühen englischen Schriftstellerinnen, aber sie war weder die erste noch die einzige.« Heute sitzen Studierende und Doktoranden hier an komfortablen Arbeitsplätzen und studieren die Werke der ersten englischen Dramatikerin Aphra Behn, von Frances Burney und Mary Shelley, aber auch Arbeiten weniger prominenter Schriftstellerinnen. »Wir wollen Autorinnen bekannt machen, die unter schwierigsten Bedingungen schrieben, oftmals um sich und ihre Familien durchzubringen«, erklärt Hughes Onslow.

Neben Literaturwissenschaftlern finden nun auch Austen-Fans den Weg hierher; immerhin sechstausend waren es im Jahr 2016. Sie betrachten die große Tafel im *dining room*, an der Jane und Cassandra mit den Verwandten speisten, bewundern im Treppenhaus die Porträts englischer Autorinnen und flanieren durch Garten und Park, die Vorbild für die Grünflächen in »Mansfield Park« gewesen sein sollen.

Jane Austen ging viel und gerne spazieren. Ein literarischer Wanderweg ermöglicht die Erkundung der Gegend in ihren Fußspuren; er beginnt vor ihrem *cottage* und führt durch eine Landschaft, die sich – abgesehen von einer lauten Landstraße – kaum verändert hat. Für Einkaufsfahrten ins nahe

Alton spendierte Edward der Mutter einen Eselskarren. Die Schwestern liefen die drei Kilometer lieber. In Alton machten sie Besuche und Besorgungen, gingen zur Bank ihres Bruders Henry – bis sie 1812 bankrottging – oder zum Arzt und nahmen gelegentlich vom Swan Hotel aus die Kutsche nach London. Eine Plakette an der High Street 10 erinnert an die Bank des Bruders, doch ein Denkmal der berühmten Schriftstellerin ist hier nicht zu finden.

»Wir haben diese wertvolle Verbindung und machen nichts daraus«, seufzt Pat Lerew, Englischlehrerin im Ruhestand und Initiatorin einer Karte, die den Weg durch Alton auf den Spuren Austens weist. Ansonsten begnügt Alton sich mit der jährlichen »Jane Austen Regency Week« Ende Juni. Dabei könnte das Städtchen, in dem viele Leser das Highbury aus »Emma« wiedererkennen, ein Mekka für Austen-Fans sein. »Wir ärgern uns über Basingstoke, wo Jane Austen vermutlich niemals war und das ein Stück vom Kuchen haben will, nur weil Steventon heute zu Basingstoke gehört«, sagt Pat. »Aber wir ärgern uns noch mehr über Bath, das sie hasste und das sie nun vermarktet.« Dabei habe Bath das als UNESCO-Weltkulturerbe gar nicht nötig. Dass Jane Austen in Winchester starb und nicht hier, sei für Alton geradezu tragisch.

1816 beendete Jane Austen die erste Fassung von »Überredung«. Bald darauf gab ihre Gesundheit Anlass zur Sorge. Im Mai 1817 erklärte ihr

Arzt in Alton, dass er nicht weiterwisse. Jane und Cassandra zogen nach Winchester in die Nähe eines Arztes, der noch Hoffnung sah. Doch auch er konnte nichts für sie tun. Am 18. Juli starb Jane Austen mit einundvierzig Jahren; ihre letzte Ruhe fand sie in der Kathedrale. Vermutlich litt sie an Morbus Addison, einer Nierenerkrankung, die sich heute gut behandeln ließe. Vor zweihundert Jahren war sie unbekannt.

Der Geist in der Kapelle

Romantik, Extravaganzen und Tradition bestimmen das Studentenleben in Oxford

Im Pub »The King's Arms« ist jeder Platz besetzt. Auf Sesseln und Sofas, Barhockern und Stühlen, an den diversen Theken und auf dem Flur drängen sich Studenten, Lehrpersonal und Touristen. Der Pub im Herzen Oxfords ist seit 1607 täglicher Treff und Ausgangspunkt abendlicher Ausschweifungen. Dass er dem benachbarten Wadham College gehört und über der Kneipe Studenten wohnen, beweist, dass akademisches und geselliges Leben einander in Oxford noch nie ausgeschlossen haben. Später geht es weiter: Mit Champagnerflaschen unterm Arm verschwinden die Studenten in den Innenhöfen ihrer Colleges.

»*Mighty fine place*«, notierte Samuel Pepys, englischer Chronist und Absolvent der »anderen« Universität, nämlich Cambridge, im 17. Jahrhundert anerkennend über Oxford. Dessen herausragendes Merkmal ist die Tatsache, dass sich daran in den folgenden dreihundertfünfzig Jahren wenig geändert hat. Mächtig schön und voller Leben ist Oxford noch immer. Grandiose Architektur aus allen Epochen, eine idyllische Lage an den Flüssen Themse und Cherwell, dazu die typisch englische und hier besonders ungeniert ausgelebte Gewohnheit, an bewährten Traditionen ebenso selbstverständlich festzuhalten wie an sinnfreien Ritualen – das alles fügt sich zum besonderen Reiz dieser Stadt.

»Unser Haus hat die Gewänder für jede Krönung seit 1689 gemacht«, erklärt mit bescheidenem Stolz John Ramsden, Zuschneider und Manager des Herrenausstatters Ede & Ravenscroft. Weil der letzte Anlass dieser Art indessen gute sechzig Jahre zurückliegt, verkauft das Traditionsgeschäft zwischen Krönungen auch *caps* und *gowns*, die Gewandung der Akademiker. Schon J.R.R. Tolkien, der in Oxford Linguistik lehrte und in seinen Mußestunden unter anderem »The Lord of the Rings« (Der Herr der Ringe) schrieb, und Ober-Dandy Oscar Wilde, der im Magdalen College Hof hielt, ließen hier ihre Roben anfertigen. Denn, so Ramsden: »Ohne schwarze Strümpfe, schwarzen Rock oder Hose, weiße Bluse oder weißes Hemd und eben den Umhang mit Hut gibt es hier kein Examen. Das macht Oxford einzigartig. Das und die Schwierigkeit, hier einen Studienplatz zu bekommen.«

Stets wird betont, dass die Universität Abkömmlingen aller Schichten ebenso wie Angehörigen aller Nationen offensteht. Nicht umsonst war das weltoffene Oxford in den Zeiten rund um das EU-Referendum eine Festung der *remainers*, die den Verbleib des Königreichs in der Europäischen Union dringend wünschten. Einzig unumgängliche Voraussetzung für den Einlass in die Elite-Uni sind hervorragende Noten. Von deutschen Abiturienten wird der makellose Notendurchschnitt von 1,0 erwartet. Und: Aspiranten dürfen sich nur für einen der beiden Giganten bewerben, Oxford oder Cambridge. Auch die Entscheidung für eines der achtunddreißig Colleges Oxfords ist eine fürs Leben. Absolventen bleiben Mitglieder ihres Colleges und können sich in seiner Kirche trauen und bestatten lassen.

Das an der High Street gelegene Queen's College verweist mit Stolz darauf, gleich mit mehreren Männern verbunden zu sein, die die Welt veränderten: Howard Walter Florey aus Adelaide in Australien, der das vom Kollegen Alexander Fleming entdeckte Penicillin chemisch stabilisierte und es 1941 in Oxford erstmals einem Patienten verabreichte, war bis 1962 Kanzler des Hauses. Edmond Halley, der den nach ihm benannten Kometen identifizierte, und Rowan Atkinson, der der Menschheit die Figur des Mister Bean bescherte, studierten ebenfalls hier.

Dennoch lässt sich die Studentenschaft – anders als die meisten Besucher – nur mäßig von der historischen Umgebung beeindrucken. Hier wird studiert und gepaukt wie anderswo auch – nur mit etwas größerer Gelassenheit, denn zu Zukunftsängsten besteht in der Eliteschmiede wenig Anlass. Die Studenten nutzen die phänomenal ausgestatteten Bibliotheken ihrer Colleges, die ihnen rund um die Uhr zugänglich sind. Bis zur Decke reichen hier die Schränke voller in Leder gebundener Bücher; an den Arbeitsplätzen sind Steckdosen fürs Notebook ebenso zu finden wie geschmackvolle Messinglampen, die warmes Licht spenden. Tutoren sorgen dafür, dass ihre Schützlinge mit dem bestmöglichen Abschluss hinaus ins Leben gehen, wo sie Spitzenpolitiker oder Oscar-Preisträger werden. Wer das straffe Pensum schafft, hat allen Grund, auf eine vielversprechende Karriere zu hoffen.

Das beweist die eindrucksvolle Bilanz der ältesten Universität der englischsprachigen Welt und ihrer Colleges. Siebenundzwanzig Premierminister des Königreichs – zuletzt Tony Blair, David Cameron und Theresa May –, siebenundvierzig Nobelpreisträger, ungezählte Dichter, Denker, Schauspieler – von Hugh Grant bis Emma Watson sowie diverse Staatsoberhäupter anderer Nationen haben hier studiert. Und das ist nicht alles. Zwölf Heilige und zwanzig Erzbischöfe von Canterbury hat die Universität, die zur Zeit der Reformation Rom nahe blieb, außerdem hervorgebracht.

Richard von Weizsäcker und Indira Ghandi gehören ebenso zu den Absolventen wie der Romantiker Percy Bysshe Shelley, die Dichter John Donne, W.H. Auden und T.S. Eliot, der Schriftsteller, Archäologe und Geheimagent T.E. Lawrence alias Lawrence von Arabien sowie die Romanciers Evelyn Waugh, William Golding, Graham Greene, John Galsworthy, John Le Carré und Helen Fielding – um nur einige zu nennen. Samuel Johnson, der Verfasser des ersten Wörterbuchs der englischen Sprache, schrieb sich ebenfalls hier ein. Dennoch stieß er nur in die ebenfalls mit prominenten Namen besetzte Runde derer vor, die Oxford ohne Diplom verließen: weil er mit der Zahlung seiner Studiengebühren hoffnungslos in Rückstand geriet und es zudem versäumte, regelmäßig an den Vorlesungen teilzunehmen. Doch die Universität war nicht nachtragend und verlieh ihm 1755, kurz vor Veröffentlichung seines Wörterbuchs, doch noch den Magistergrad.

»Als ich morgens um sechs Uhr im King's Arms zehn Gläser Bier für meine Freunde bestellte, war das schon ein etwas surrealer Moment,« erklärt Basil Vincent, Student alter und neuer Geschichte am Keble College. Dort ist er auch Präsident des Junior Common Room, des gesellschaftlichen Mittelpunkts der *undergraduates* – der Studenten, die auf dem Weg zum ersten akademischen Grad, dem Bachelor, sind. Als Absolvent einer Privatschule – mit sieben Jahren schon kam er ins Internat – ist der junge Londoner zudem allen egalitären Bemühungen der Hochschule zum Trotz ein noch immer typischer Oxford-Student.

Basils surrealer Moment trug sich am frühen Morgen eines 1. Mai zu. Dann ist der Turm des Magdalen-Colleges, akademische Heimat von Oscar Wilde, Julian Barnes, Schauspieler Dudley Moore und immerhin neun Nobelpreis-Trägern, seit jeher Schauplatz eines in seiner Mischung aus Romantik und Irrsinn für Oxford typischen Ereignisses: Nach durchzechter Nacht versammeln sich hier im Morgengrauen junge Menschen, um dem Gesang eines Knabenchors zu lauschen und Volkstänze auszuführen. Zu den Klängen des »Hymnus Eucharisticus« kreisen die unvermeidlichen Champagnerflaschen.

Die warme Jahreszeit feiern die Studenten mit Mai-Bällen und Bootsfahrten auf dem Cherwell. Im Juni lassen sie in *cap* and *gown* gekleidet Korken knallen und freuen sich bestandener Prüfungen. In den Sommermonaten gehört Oxford dann Touristen und Sprachschülern aus der ganzen Welt, bevor im Herbst im Hof des uralten Pubs »The Turf Tavern« Glühwein ausgeschenkt wird. Ein Wegweiser stellt für diese Institution *an education in intoxication* in Aussicht: eine Erziehung in Trunkenheit. Und schon beginnt der Wahnsinn von vorne.

Auch während der drei Trimester des akademischen Jahres öffnen fast alle Colleges nachmittags ihre Pforten für Besucher. Gärten und Säulengänge um die quadratischen Innenhöfe, aber auch Kapellen und Speisesäle sind dann zu besichtigen. Zum 1458 gegründeten Magdalen College an der High Street gehört ein Wildpark, zum 1546 gegründeten Christ Church College, traditionell die studentische Heimat des englischen Adels, eine wunderschöne Kathedrale. Lewis Carroll lehrte hier Mathematik und ließ sich von der kleinen Tochter des Dekans zu seinem Buch »Alice in Wonderland« inspirieren. Fast ist es, als würde allein die Atmosphäre der Stadt zu geistigen Höhenflügen animieren.

Nun zu Begeisterungsstürmen: »Die Welt kennt keinen Ort wie Oxford«, entzückte sich der amerikanische Schriftsteller Nathaniel Hawthorne, »man möchte darüber verzweifeln, ihn zu sehen und dann verlassen zu müssen.« Auch der romantische Dichter John Keats – der nicht hier studierte – war sich sicher, dass Oxford die schönste Stadt der Welt sei. Der in Schottland geborene Stuart-Monarch James I. sagte lange vor ihm, wenn es ihm nicht bestimmt gewesen wäre, König zu sein, wäre er gerne ein Oxford-Mann geworden.

Denn Englands älteste Universitätsstadt besitzt nicht nur so viel Literatur, dass die Universitätsbibliothek die ganze *city* mit zweihundert Kilometern Bücherregalen unterkellert hat, und ihre Colleges hüten nicht nur Kunstschätze von beispiellosem Wert. Jenseits aller Gelehrsamkeit ist Oxford vor allem ein Ort ansteckender Lebensfreude.

Auch deshalb macht diese Stadt süchtig. »Früher mochte ich Oxford nicht, weil man hier nirgends parken kann«, gesteht Chris Probert, Chefportier des 1314 gegründeten Exeter College. In der Pförtnerloge haben er und seine vier Kollegen den besten Überblick über alle Geschehnisse des Colleges – ob Bianca Jagger vorbeikommt, um im Garten des Colleges einen Baum zu pflanzen, oder ob die Great Hall, Schauplatz des täglichen förmlichen Abendessens, für Filmaufnahmen geschlossen wird. Letzteres war etwa der Fall, als Harry Potter hier tanzen lernte. Exeter war eines von mehreren Colleges, die Kulissen für das Zauberinternat Hogwarts bildeten.

Tatsächlich bedeutete der Umzug nach Oxford für Chris Probert eine Umstellung, hatte er doch zuvor bei seiner Tätigkeit als Gefängniswärter in London unter anderem auf einige der legendären Posträuber und einen als »Yorkshire Ripper« berüchtigten Mörder aufgepasst. Im Exeter College, akademische Heimat unter anderem von J.R.R. Tolkien, des Malers, Architekten und Kopf der »Arts and Crafts«-Bewegung William Morris sowie der Schauspieler Richard Burton und Alan Bennett, hat er zwar ebenfalls ein wachsames Auge auf das Kommen und Gehen im Hause. Doch seien die Studenten im Vergleich zu seinen früheren Schützlingen harmlos: »Sie machen Unfug, vor allem wenn sie zu viel trinken«, sagt der Fünfundsechzigjährige. Dann kletterten sie auf Dächer oder erinnerten sich nicht, wo sie wohnen. Probert lächelt nachsichtig. »Sie sind eben jung.«

Längst sind ihm Oxford und vor allem sein College Exeter ans Herz gewachsen. »Der Geist, der in unserer Kapelle umgeht, hat mir bewiesen, dass dieses College ein ganz besonderer Club ist.« Diesen Geist gebe es tatsächlich, erklärt er und erzählt, wie er eines Nachts in das Gotteshaus schaute, weil er das Brausen der Orgel gehört hatte. Doch kein Student hatte sich einen Scherz oder auch nur eine nächtliche Übungseinheit erlaubt. Die Kirche war leer. Nur die Büste Tolkiens erwiderte stumm den Blick des Portiers.

Tee mit Hamlet und König Lear

In Stratford-upon-Avon können Shakespeare-Enthusiasten sich fortbilden

Hinter der alten Fachwerkfassade des »Shakespeare Hotels« knistert Kaminfeuer. Auf dem Buffet im Saal duftet verheißungsvoll Lasagne. Wein strömt in Gläser. An großen runden Tischen haben die sechzig Teilnehmer der »Winter School« zum Begrüßungs-*Lunch* Platz genommen: viele Engländer, einige Amerikaner, drei Skandinavier und sogar eine Argentinierin. Die Englischlehrerin Claudia Figeroa ist eigens aus Patagonien angereist, um ihrer Leidenschaft zu frönen: Shakespeare.

Mehrmals im Jahr bietet der Shakespeare Birthplace Trust, der sich um den Erhalt der mit Shakespeares Leben verbundenen Häuser in Stratford-upon-Avon kümmert und sich nicht minder intensiv der Forschung widmet, Shakespeare-Seminare an. Mit Vorträgen am Tag und Theater am Abend vergehen drei, manchmal auch vier Tage wie im Flug.

Über die Frage nach Lieblingsstücken kommen die Teilnehmer ins Gespräch. Viele Lehrer sind dabei, aber auch Theaterfans »mit einer lebenslangen Passion für Shakespeare«, so formuliert es ein Arzt aus der Grafschaft Kent. Nicht wenige begrüßen einander wie alte Freunde. Denn Shakespeare-

Sucht ist zwar behandel-, nicht aber heilbar. Viele waren deshalb schon öfter hier und kennen einander. Das Zusammentreffen mit Gleichgesinnten ist nicht der geringste Reiz der Kurse.

Luella Baker, Englischlehrerin im Ruhestand aus Leicester, besucht seit vierzig Jahren regelmäßig die Sommerkurse. Seit einigen Jahren kommen sie und ihr Mann auch zur Winter School. »Ich liebe es«, erklärt sie. »Mittlerweile treffen wir viele bekannte Gesichter.« Jede Menge Gesprächsstoff gibt es außerdem. Während sie und ihr Mann zu Hause beim Frühstück stumm die Zeitung läsen, diskutierten sie hier schon früh am Morgen über das Theaterstück vom Vorabend.

Schon die schweren Eichenbalken an der Decke des Shakespeare Hotels signalisieren, wohin die Reise geht: ins 17. Jahrhundert. Stratford war damals bereits ein blühender Marktflecken. Nur ein paar Häuser neben dem Hotel wohnte der berühmteste Sohn der Stadt im größten Anwesen weit und breit: William Shakespeare. 1597 hatte der überaus erfolgreiche Autor und Theatermann mit dreiunddreißig Jahren »New Place« gekauft: ein spätmittelalterliches, repräsentatives Haus, das der Familie viel Platz bot und dazu sichtbar von seinem Erfolg kündete.

Heute würde mancher Anglist alles geben, um das Haus zu sehen, in dem Shakespeare, der stets zwischen Heimat- und Hauptstadt pendelte, viele seiner wichtigsten Werke geschrieben haben dürfte. Bedauerlicherweise wurde es bereits 1759 zerstört, als der Besitzer Francis Gastrell, genervt von ersten Touristenströmen, das Haus – damals bereits ein Nachfolgebau – abreißen ließ. Dabei hätte ihm der Verkauf eine Menge eingebracht, denn die Verbindung mit Shakespeare bedeutete schon damals handfestes Kapital.

Gastrell konnte es sich leisten, stattdessen lieber seine Mitbürger zu verärgern. Seit er nämlich den von William höchstselbst gepflanzten Maulbeerbaum gefällt hatte, war die Stimmung schlecht am Avon. Der Baum musste weg, weil er zu viele Shakespeare-Fans lockte, die neugierig in den Garten an der Ecke von Chapel Street und Chapel Lane spähten. Als die Stadt dann noch sein Gesuch ablehnte, den Garten zu vergrößern, war das Maß voll. Gastrell bestellte ein Abrissunternehmen aus Leamington Spa und hinterließ Stratford einen Haufen Schutt.

Fünf Jahre lang drehten Archäologen auf dem Gelände jeden Stein um, um neue Erkenntnisse über Shakespeares Haus und Garten zu gewinnen. Seit dem Sommer 2016 machen ein Torbogen den ursprünglichen Eingang und bronzene Markierungen am Boden den Verlauf der Grundmauern sichtbar. Sie sollen es den Besuchern erleichtern, sich die Ausmaße von New Place vorzustellen. Besondere Aufmerksamkeit galt Innenhof und Garten, die als Seelenlandschaft Shakespeares neu gestaltet wurden.

Der 1609 gepflanzte Maulbeerbaum, der später die Gemüter erhitzte, ist wiederauferstanden

– in Bronze. So täuschend echt sieht er aus, dass zumindest im Winter nicht zu erkennen ist, dass dieser Baum nicht der Erde entwachsen ist. Neben ihm stehen Stuhl und Pult, wie Shakespeare sie besessen haben mag. Wer hier Platz nimmt, kann dem Dichter in den Kopf schauen: Auf bunten Windspielen, die wie hochgewachsene Blumen auf Stängeln ruhen, stehen die Titel aller Dramen, die er in den neunzehn Jahren zwischen dem Kauf des Anwesens und seinem Tod schrieb.

So konstruiert dieses Konzept sein mag, so faszinierend wirkt es. Denn weil das alte Marktstädtchen sich im Kern kaum verändert hat, öffnen sich hier tatsächlich jene Blicke, die auch Shakespeare vor Augen hatte, wenn er vom Pergament aufsah und nach draußen schaute. Links erhebt sich der Turm der Guild Chapel, neben ihr liegt Shakespeares Schule, die bis heute fortbesteht. Zur Rechten liegt das Haus des Nachbarn Nash, den Shakespeares einzige Enkelin Elizabeth heiraten sollte. Der Dichter würde sich hier noch heute ohne Mühe zurechtfinden.

Zeitzeugen berichteten vom großen Garten von New Place – einer Oase nach der Enge und dem Schmutz der Kapitale – mit Nutzflächen und dekorativen Elementen. Heute dominiert die Ästhetik. Auf der von leuchtenden Rabatten gerahmten und mit Skulpturen des Bildhauers Greg Wyatt geschmückten Rasenfläche hüpfen Eichhörnchen umher. Pilger flanieren, wo Anne Shakespeare einst Möhren fürs Mittagessen aus der Erde zog.

Für die Eleven der Winter School ist das alles nicht neu, aber spannend. Nach dem stärkenden *lunch* schlendern sie zum Ort des weiteren Geschehens. Das Shakespeare Centre liegt mit seinen Seminarräumen gleich neben dem Geburtshaus des Barden an der Henley Street. Hier ist alles Shakespeare: von der Büste im Flur über die Plakate der Royal Shakespeare Company, die mit dem Royal Shakespeare Theatre, dem benachbarten Swan und der Studiobühne »The Other Place« in Stratford drei weltbekannte Bühnen bespielt, bis hin zum lebensgroßen Bildnis von Paul Scofield in der Rolle des King Lear.

Nicht nur die Wände schmücken Legenden; auch das Programm bestreiten hochkarätige Experten. Zu ihnen zählen dieses Mal die Schauspielerin Kelly Hunter, die lange Mitglied der Royal Shakespeare Company war, heute Regie führt und eine Heartbeat genannte Methode entwickelt hat, mit der sie durch Versmaß und Rhythmik Kontakt zu autistischen Kindern findet; der große Stanley Wells, emeritierter Professor für Shakespeare-Studien an der Universität von Birmingham und Anglisten auf der ganzen Welt als Herausgeber des »Complete Oxford Shakespeare« bekannt; Sir Jonathan Bate, Professor für englische Literatur in Oxford und Autor zahlreicher Bücher über Shakespeare und andere Schwergewichte des englischen Literaturkanons. Der 2017 verstorbene walisische Regisseur Michael Bogdanov erzählte hier ein Jahr vor seinem Tod, wie er zu Beginn seiner Karriere zwischen dem Pub »The Shoemakers Arms« in Wales, in dem er noch sein Brot verdiente, und dem Theater in Stratford pendelte, und brannte im Shakespeare Centre ein unvergessliches Feuerwerk von Anekdoten ab.

Dass sich niemals intellektueller Feinstaub im Raum bildet, liegt zum einen an der Lebhaftigkeit der Vorträge, zum anderen an der Nähe zur Praxis. Shakespeare schrieb nicht für Gelehrte, er schrieb fürs Theater. Da ist es nur passend, dass Abigail Rokison-Woodall, die selbst Schauspielerin war, bevor sie sich der Literaturwissenschaft zuwandte, die Dramen für Schauspieler bearbeitet. Ein Dschungel wissenschaftlicher Fußnoten wirke auf die Darsteller schnell verstörend: »Erstaunlich viele Schauspieler sind Legastheniker.« Sie brauchten ein luftiges Layout und wenig Anmerkungen. Dann spricht sie aus, was Anglistikstudenten nur in ihr Bier weinen: »Der Arden-Shakespeare hat zu viele Fußnoten.« Im Plenum wird Zustimmung gemurmelt.

Paul Edmondson gelingt es allein durch die Kraft seiner Sprache, die Zuhörer ins Stratford des 16. Jahrhunderts zu transportieren. Als Leiter der Abteilung Forschung und Wissenschaft des Birthplace Trusts und Träger zahlreicher akademischer Meriten ist der 1974 geborene Shakespeare-Spezialist fachlich beschlagen, als Priester der Church of England beweist er die Bandbreite seiner Interessen.

Er beschreibt die Welt, in die der Dichter am 23. April 1564 im Haus nebenan geboren wurde:

Kurz zuvor erst hatte Henry VIII. den Katholizismus römischer Prägung abgeschafft, nach den religiösen Wirren unter seinem protestantischen Sohn Edward und der katholischen Tochter Mary sorgte nun Tochter Elizabeth I. für anglikanische Ruhe. Shakespeares Vater John wurde als führendes Mitglied der Gemeinde 1569 beauftragt, das Weißen der Heiligendarstellungen in der Guild Chapel zu überwachen. Zugleich profitierte William von den unter Edward geschaffenen *grammar schools*. Auch in Stratford gab es eine solche Schule, an der Bürgersöhne ab dem Alter von fünf Jahren kostenlos eine klassische Bildung erhielten. Latein war hier Umgangssprache: Auf dem Spielplatz sprachen die Zöglinge Lateinisch, im Klassenzimmer lasen sie die Literatur der Antike. »Danach brauchten sie kein Universitätsstudium mehr.«

Edmondson entwirft ein Bild jenes Montags Ende April 1616, an dem die Trauergemeinde die Holy Trinity Church verließ, in der Shakespeare seine letzte Ruhe fand. Er starb als prominenter und geschätzter Autor. »Wäre Shakespeare in London gestorben – und Gott sei Dank, dass das nicht geschah! –, wäre er mit Sicherheit in Westminster Abbey beerdigt worden.« Diese Vorstellung lässt auch manchen Stratford-Liebhaber im Auditorium schaudern. Dank des Dichtergrabs gehört die hübsche Kirche am Avon zu den wichtigsten Attraktionen der Stadt.

Dreihundertsiebzig Pfund in bar hinterließ der Erfolgsautor in einer Zeit, da ein Lehrer zwanzig

Pfund im Jahr verdiente, dazu viel Grundbesitz. Als Dramatiker allein hätte Shakespeare eine Familie mit drei Kindern nicht ernähren können. Früh in seinem Leben hatte sich diese Notwendigkeit aber ergeben: Während seine Geschlechtsgenossen im Schnitt mit fünfundzwanzig heirateten, ließ er sich achtzehnjährig hastig mit der um acht Jahre älteren Anne Hathaway trauen. Sechs Monate später kam Tochter Susanna zur Welt. Mit zwanzig war Shakespeare dreifacher Familienvater. »Ein Dramatiker, der auch Theater spielte, verdiente mehr. Ein Dramatiker und Schauspieler, der auch Anteilseigner seines Theaters war, konnte wohlhabend werden«, so Edmondson. Investierte er dazu so geschickt wie Shakespeare und erbte vom Vater wie er im Jahr 1601, wurde er reich. Dass Shakespeares Biografie längst nicht mehr so mysteriös ist wie häufig angenommen, ist nicht die geringste Erkenntnis des Tages.

Unterdessen hat eine Mitarbeiterin des Birthplace Trusts das vierhundert Jahre alte Kirchenregister der Holy Trinity Church aus dem Archiv geholt und entrollt. Sie deutet auf die Stelle, an der Shakespeares Beerdigung am 25. April 1616 vermerkt ist – in englischer Sprache, während seine Taufe am 26. April 1564 noch in Lateinisch festgehalten wurde. Ehrfürchtig betrachten alle die Tintenspur in die Vergangenheit.

Zur Stärkung gibt es in der »James I.-Lounge« Tee. Die Kursteilnehmer essen Plätzchen und plaudern – über Shakespeare, über Stratford, über das

Stück, das am Abend auf dem Spielplan steht. In die Mittagspause passt eine Stippvisite im Geburtshaus, vor dem Theaterbesuch ein Spaziergang über die Uferwiesen des Avon, wo schon William flanierte.

Am Morgen treffen sich die Teilnehmer in der Queen Elizabeth Hall zur Diskussion über die Inszenierung des Vorabends. Doch diese Frühandacht um neun Uhr schafft nur, wer nach der Vorstellung nicht im »Dirty Duck« versumpfte, jenem legendären Pub gegenüber dem Theater, in dem sich auch die Schauspieler zum rituellen Absacker einfinden. »Der Sturm« mit Simon Russell Beale als Prospero hat alle verzaubert, an den »Two Noble Kinsmen«, einem Spätwerk des Barden in Zusammenarbeit mit dem Kollegen John Fletcher, scheiden sich die Geister.

Nach der internen Analyse besucht stets ein Mitglied der Royal Shakespeare Company das Seminar, spricht über die Inszenierung und erklärt seine Interpretation der Rolle. Heute ist Simon Russell Beale erschienen und berichtet über sein Leben als exilierter Herzog und mächtiger Magier: »Prospero ist ein *control freak*, der keinerlei Kontrolle hat«, sagt Beale und grinst. Und da hörten die Probleme noch lange nicht auf. »Vergebung ist ein großes Thema. Prospero versucht zu vergeben, er versucht es so sehr. Aber er schafft es nicht ganz.« Beale, der in jüngeren Jahren in Stratford im »Sturm« Prosperos dienstbaren Luftgeist Ariel spielte, berichtet, wie sich die Rolle im Lauf der Saison entwickelt und dass man den Text im Lauf des Lebens immer wieder anders liest. Wenn er jetzt als Prospero das Boot beschreibe, in dem sein Bruder ihn und Tochter Miranda aufs Meer schickte – »das verrottete Gerippe eines Bootes, ohne Segel, Mast und Seile«, dann denke er immer an Flüchtlinge aus Syrien und die Schlepper, die ihren Tod in Kauf nähmen.

Beale reibt sich die Augen; er ist müde. Doch auch gegen Ende einer anstrengenden Spielzeit haben die Worte Shakespeares für ihn nichts von ihrer Magie eingebüßt. »Jeden Abend denke ich beim Schlussmonolog: Was habe ich für ein Glück, diese Verse zu sprechen. Sie nehmen einem schlicht den Atem.«

Das Plenum ist ganz bei ihm. Immer näher rückt Shakespeares Welt. Schon ertappt sich mancher dabei, wie er auf dem Weg in den Seminarraum der Büste des Dramatikers vertraut zunickt. Und viel zu schnell ist alles vorbei. In warmen Abschiedsworten löst sich die Winter School auf. Der Rest sind Notizen, Bücher, Theaterprogramme – und unvergessliche Erinnerungen an die Bühne des Barden.

Gleis 9 ¾ ist das Tor zum Himmel

Die Tour durch die Kulissen der acht Harry-Potter-Filme in den Studios bei London führt ins Herz von Hogwarts

Von einer überdimensionalen Leinwand sprechen Harry Potter, Hermine Granger und Ron Weasley zum gespannten Publikum. Oder vielmehr die Darsteller Daniel Radcliff, Emma Watson und Rupert Grint. Sie erzählen von jenen zehn Jahren, die sie als Kinder und Jugendliche hier, in den Leavesden Filmstudios nordwestlich von London, beim Dreh der womöglich erfolgreichsten Reihe in der Geschichte des Films verbrachten. Dann rauscht die Leinwand nach oben, ein imposantes holzgeschnitztes Tor wird sichtbar. Kinder, die heute ihren Geburtstag feiern, dürfen nach vorne kommen und das Portal zum Herzen des Zauberinternats öffnen.

Und schon stehen alle in der Großen Halle von Hogwarts: Kinder mit Schals in den Hausfarben Gryffindors und in Zaubererumhängen, würdige Senioren im Dumbledore-Kostüm, Paare und Familien aus allen Teilen der Welt. Kein Zweifel: Auch über zwanzig Jahre nachdem der erste Band »Harry Potter und der Stein der Weisen« 1997 im Bloomsbury Verlag in der bescheidenen Auflage von fünfhundert Stück erschien, ist der Zauber des magischen Universums von Joanne K. Rowling so stark wie auf dem Höhepunkt der Potter-Euphorie, als junge Leser in Erwartung des neuesten Bandes in Hogwarts-Umhängen vor Buchhandlungen Schlange standen. Noch immer sind die Romane eine literarische Einstiegsdroge, die sofort süchtig macht, und Hogwarts eine unwiderstehliche Gegenwelt zur digitalen Realität des dritten Jahrtausends.

In den Filmstudios lässt sich tief ins Zauberreich eintauchen. An den Wänden der Großen Halle stehen die Tische der vier Häuser Gryffindor, Ravenclaw, Hufflepuff und Slytherin. Mit Äxten und Ketten wurden die Haustische bearbeitet, bis sie aussahen, als hätten schon viele Generationen junger Zauberer hier gesessen und die köstlichen Speisen gegessen, die wackere Hauselfen in den Küchen von Hogwarts zubereiten. An der Stirnwand befinden sich die Tafel der Lehrer sowie die Pädagogen selbst – oder zumindest ihre auf Puppen gespannten Kostüme. Wie alle anderen Kulissen wurde auch die Große Halle hier im Studio für die Potter-Filme gebaut und ausstaffiert; seit 2012 sind sie der Öffentlichkeit zugänglich.

Von nun an reißen die Attraktionen nicht mehr ab. Mit leuchtenden Augen betrachten kleine und große Besucher den Gemeinschaftsraum des Gryffindor-Turms und den Schlafsaal der Jungen, dessen Betten so kurz sind, dass die größer gewordenen Darsteller sich in den späteren Filmen verrenken mussten, um noch hineinzupassen. Unter den Betten liegen die Koffer mit den Initialen von Harry, Ron und ihren Schlafsaalgenossen. Dann geht es zum Büro Dumbledores. Unter einem gotischen Turmfenster steht der Schreibtisch des Schulleiters, auf einem Regal liegt der sprechende Hut, der alle Neuzugänge ins passende Haus sortiert. In der Wohnküche der Weasleys rühren Löffel selbständig in Töpfen, das Strickzeug von Mutter Molly verlängert sich dank ihrer Zauberkunst von selbst. An der Wand hängt die magische Uhr, die den Aufenthalt aller Familienmitglieder anzeigt.

In der Welt des Films liegen nur wenige Schritte zwischen Harrys Ersatzheimat bei den Weasleys und dem Kellerraum, in dem Professor Snape seine Zaubertränke braut. Doch die Besucher können die magische Welt nicht nur betrachten. In einer Ecke dürfen Muggel sich auch in die korrekten Bewegungsabläufe im Umgang mit dem Zauberstab einführen lassen: Vor einem Spiegel schwingen sie den Stab und stoßen unterschiedlich wirksame Zauber aus. Und dank der ausgeklügelten Technologie, die sich bei den Verfilmungen der Potter-Romane mit der Kreativität eines riesigen Teams verband, sind sogar Erinnerungsfotos, die die Besucher beim Besenfliegen zeigen, kein Problem.

Am breiten Bahnsteig 9¾ wartet schließlich der echte Hogwarts-Express. Hier wurde die allerletzte Szene der Potter-Filme gedreht – und, bedingt durch technische Abläufe, auch die allererste des ersten Films »Harry Potter und der Stein der Weisen«. Die Abteile der knallroten Eisenbahn sehen dank herumliegender Requisiten aus, als machte sich der Zug jeden Moment auf den Weg nach Hogwarts. Langsam gehen die Besucher durch den Gang und schauen in die Abteile, in denen Harry, Ron und Hermine Schokoladenfrösche aßen und sich Scharmützel mit ihrem Mitschüler Draco Malfoy lieferten.

So echt wirken die Kulissen, dass Fantasie und Realität in schönster Weise verschmelzen. Beim Spaziergang durch die – eigens fürs Publikum verbreiterte – Winkelgasse würde man sich kaum wundern, den Halbriesen Hagrid um eine Ecke stapfen zu sehen. Im verstaubten Geschäft von Mister Ollivander stapeln sich Schachteln mit Zauberstäben bis in die Fenster des ersten Stocks. Wie die Buchhandlung Flourish and Blotts besteht dieser Fachhandel nicht nur aus einer Fassade, sondern die einschlägigen Szenen wurden tatsächlich hinter diesen Eingangstüren gedreht. Ein paar Schritte weiter werden Eulen zum Kauf angeboten, dann erhebt sich das dreistöckige Gebäude von »Weasleys' Wizard Wheezes« in leuchtendem Orange, wo die Weasley-Zwillinge Kotzpastillen, Langziehohren und andere nützliche Dinge verkaufen.

Dafür verpufft in den Ausstellungen zu den *special effects* so manche Illusion. Dennoch wirkt der Blick hinter die Kulissen nicht ernüchternd, sondern eher beflügelnd. Dass die Flugszenen vor grüner Wand gefilmt und erst am Computer ihren »echten« Hintergrund bekamen; dass der Drache, auf dem die drei jungen Helden aus der

Zaubererbank Gringotts flüchten, nur aus einem kunstvoll gefertigten Stück Stachelrücken besteht, der ebenfalls erst am Bildschirm Körper, Kopf und Schwanz erhielt; dass es vier männliche Schneeeulen brauchte, um die eine Hedwig Harry Potters zu verkörpern – all das vermag den Zauber nicht zu zerstören. Es weckt vielmehr den Wunsch, die Filme gleich noch mal zu sehen, und diesmal vor allem auf Hintergründe und Requisiten zu achten.

Auch die Kostüme des ebenfalls in Leavesden gedrehten Potter-Spin-Offs »Phantastische Tierwesen und wo sie zu finden sind« haben den Weg ins Foyer der Studio-Tour gefunden. In Anlehnung an ihr fiktives Schulbuch für das Fach »Pflege magischer Geschöpfe« schrieb Joanne K. Rowling ein Drehbuch über die Abenteuer seines Autors, des Magizoologen Newt Scamander. Der sammelt die eigentümlichsten magischen Wesen und wird später jenes epochale Lehrwerk verfassen, mit dem auch Harry, Ron und Hermine arbeiten.

Potter-Liebhaber wachsen nach; viele der Eltern, die ihre Kinder durch die Zauberwelt führen, waren Fans der ersten Stunde. Zweifellos sind die Studios mit Fotos und Videos, die jeder Besucher von sich beim Besenreiten machen lassen und anschließend erwerben kann, sowie der eindrucksvollen Anzahl an Merchandising-Produkten auch eine gewaltige Geldmaschine. Doch wenn das Kind flüstert, dies sei das Tollste, was es je erlebt habe, besorgt fragt, ob man nur einmal im Leben hierher dürfe und sich auch die Eltern dem Alltag seltsam entrückt fühlen – dann tun die zehn Pfund fürs Begleitbuch, siebenundzwanzig für den Zauberstab von Harry und dreißig für die Karte des Rumtreibers auf Pergament schon fast nicht mehr weh.

Ein Hase schenkte ihr die Freiheit

Ihre Geschichten von Peter Rabbit brachten Beatrix Potter Unabhängigkeit. Ihre Wahlheimat fand sie im Lake District

Neben der Tür wuchert Rhabarber. Unter den großen Blättern liegt ein Ei – genau wie in einer Illustration aus »The Tale of Jemima Puddle-Duck« (Jemima Pratschel-Watschel). Auch hinter der Tür zum kleinen Farmhaus aus dem 17. Jahrhundert liegen Schauplätze und Entstehungsort der kunstvollen Bilderbücher Beatrix Potters dicht beieinander. Eine Führerin, die das fast vollständig aus Potters Besitz stammende Interieur bewacht, zeigt erst auf einen Eichenschrank, über dem blau-weiße Porzellanteller hängen, dann reicht sie den Besuchern ein Exemplar von »The Tale of Samuel Whiskers« (Geschichte von Samuel Schnauzbart). Tatsächlich: In der Eingangstür ist dort Katze Ribby, hinter ihr ein Stück von Beatrix' bunt blühendem Sommergarten zu sehen. Auch der Treppenabsatz und der kunstvoll geschnitzte Schrank aus dem 17. Jahrhundert sind zu erkennen, als wären sie abfotografiert. Nur ist das alles von Beatrix Potter gezeichnet noch viel schöner als in der Realität.

Beatrix Potters fein in Pastellfarben gezeichnete Figuren Peter Hase, Benjamin Kaninchen, Frosch Jeremias Fischer und ihre Verwandten und Bekannten sind die Helden von dreiundzwanzig Kinderbüchern, die ihren Zauber über mehr als hundert Jahre bewahrt haben. Die »kleinen Bücher«, wie sie sie selbst nannte, entstanden in Near Sawrey, einem Sprengel im nordenglischen Lake District. Die am 28. Juli 1866 in London geborene Autorin fand hier ihre Wahlheimat. Ihr Bauernhäuschen »Hill Top«, das sie sich 1905 für zweitausendachthundert Pfund von den Honoraren ihres Erstlings »The Tale of Peter Rabbit« (Die Geschichte von Peter Hase) kaufte, findet sich mit schöner Regelmäßigkeit in ihren weiteren Büchern.

Der Lake District war Beatrix Potters Jugendliebe, die ein Leben lang hielt. »Unser ganzes Interesse und all unsere Freude lagen im Norden«, sagte Beatrix einmal über sich und ihren Bruder Bertram. Für sie lag sogar ihr ganzes weiteres Leben dort. Als sie 1896 das Dorf Sawrey zum ersten Mal sah, war sie gerade dreißig und befand sich in Begleitung ihres Kaninchens Peter. Die Konstellation aus Sawrey, Peter und Beatrix wurde wegweisend für die englische Kinderliteratur. Am Ende der Ferien beschloss Beatrix, die seit ihrem sechzehnten Lebensjahr mit Eltern und Bruder die Sommerferien im Lake District verbracht hatte, sich eines Tages hier niederzulassen.

Die Welt, die sie hier fand, konnte sich stärker vom Alltag in der Hauptstadt kaum unterscheiden. Für Beatrix bot die unberührte Natur des Nordens nicht nur neue Inspiration für die Tier- und Pflanzendarstellungen, die sie so meisterhaft beherrschte. Sie wurde auch zum Sinnbild der Freiheit. Denn die Zukunftspläne, die ihre Eltern für die Tochter hatten, bewegten sich in konventionellen Bahnen: Entweder würde sie heiraten oder im Londoner Mädchenzimmer wohnen bleiben; in beiden Fällen lautete das Urteil lebenslänglich.

Immerhin erlaubte ihr der Wohlstand der Eltern, ihre Begabung in Muße zu entwickeln. Als Kind hielt (und zeichnete) sie im dunklen viktorianischen Stadthaus allerhand Kleintiere, als Mädchen ging sie Tag für Tag ins Naturwissenschaftliche Museum in Kensington, um Pflanzen und Tiere zu zeichnen. Obwohl bereits die Zeichnungen der Zehnjährigen von außergewöhnlichem Talent zeugen, kam eine künstlerische Karriere niemandem in den Sinn. Einzig ihr Bruder ermutigte sie, ihre Bilder als Weihnachtskarten anzubieten – sie wurden ihre ersten Veröffentlichungen. Das Sujet ihrer Kunst, die Naturwissenschaft, blieb ihr verschlossen. Eine Arbeit über Pilzsporen, die sie 1897 einer wissenschaftlichen Gesellschaft in London vorlegte, wurde zurückgewiesen. Dabei finden ihre so akkurat wie Fotografien gezeichneten Darstellungen von Pilzen bis heute in Lehrbüchern Verwendung.

Doch schließlich waren es die Bilder des Hasen Peter, die sie zunächst in einem Brief an den fünfjährigen Sohn ihrer ehemaligen Gouvernante zeichnete, die die goldene Käfigtür aufschlugen. Im Dezember 1901 veröffentlichte Beatrix Potter die »Geschichte von Peter Hase« in einer Auflage von zweihundertfünfzig Exemplaren im Selbstverlag. Sechs Verlage hatten die Geschichte zuvor abgelehnt, die sie im Londoner Elternhaus geschrieben und gezeichnet hatte, die aber durch die Urlaube im Lake District inspiriert war. Nach zwei Monaten musste sie nachdrucken lassen. Der Verlag Frederick Warne & Company wurde aufmerksam und veröffentlichte ihr erstes »kleines Buch«. 1902 und 1903 verkaufte sie fünfzigtausend Stück. Auf einen Schlag war die Sechsunddreißigjährige unabhängig. Sofort ging sie in ihrer Herzenslandschaft auf Haussuche.

Dass sie es mithilfe des Hasen Peter zu eigenem Vermögen brachte, beschert der Nachwelt das Vergnügen, ihre Wahlheimat so zu sehen, wie sie selbst sie kannte und erlebte. So sehr liebte Beatrix den Lake District, dass sie begann, alte Farmen zu sammeln, um sie vor dem Verfall und das dazugehörige Land vor Neubauten zu bewahren. Vierzehn Bauernhöfe und tausendsechshundert Hektar Land, auf denen sie einer zweiten Karriere als Landwirtin frönte, hinterließ sie 1943 dem National Trust mit der Auflage, dass hier nichts verändert werden dürfe. Schon vor ihrem Tod hatte die leidenschaftliche Landschaftschützerin eng mit der Stiftung zusammengearbeitet. So wurde sie zu einer der wichtigsten Stützen des Trusts.

Die Stiftung nimmt ihre Aufgabe noch heute so ernst, dass ein Erblasser sich auf die Einhaltung einer solchen Bedingung fest verlassen kann. In Hill Top, das Beatrix Potter vor ihrer Heirat mit dem im

Lake District heimischen Notar William Heelis im Jahr 1913 bewohnte, geht die Sorge um die Authentizität so weit, dass Besucher sich Notizen nur mit Bleistift machen dürfen. Nicht auszudenken, wenn einmal ein Kugelschreiber abrutschte und erst auf Tapete oder Tischdecke zum Stillstand käme.

Fast alle Möbel in den holzgetäfelten Zimmern stammen aus dem Besitz von Beatrix. Die meisten der kleinen Fenster weisen auf den *Cottage*-Garten, der sich im Frühsommer in einen Farbrausch aus Blüten verwandelt. Im Erdgeschoss liegen Eingangsraum und ein kleines Wohnzimmer, im ersten Stock führt ein schmaler, dunkler Flur ins »Neue Zimmer«, das größer ist als Schlaf-, oberes Wohn- und das »Schatzzimmer«. Auf einem Sekretär liegen Zeichnungen, die Wände zieren große Gemälde. In jedem Zimmer liegt das passende Buch, in dem Teile der Einrichtung zu großen Kulissen für kleine Tiere wurden.

Trotz der dem Zeitgeschmack entsprechend dunklen Möbel und der rustikalen Schlichtheit des Bauernhauses ist es auf den ersten Blick als das Heim einer Frau zu erkennen. Dem Schlafzimmer verleihen eine grüne, geblümte William-Morris-Tapete und ein weißer Kamin freundliches Ambiente. Das Bett wurde ebenso wie der mit den Initialen von Beatrix und William geschmückte Querbalken über dem Kamin aus ihrem größeren ehelichen Heim »Castle Cottage« hierhergebracht, das heute vermietet ist und nicht besichtigt werden kann.

Schränke sind mit Steingutgeschirr und Porzellanfigürchen gefüllt, hier liegt ein Stickrahmen, dort steht ein Spinnrad; Korrespondenz liegt herum, Simse, Regale und Wände sind mit gerahmten Fotos geschmückt. Das »Schatzzimmer« bewahrt alles, was Beatrix lieb und teuer war: ein vollständig eingerichtetes Puppenhaus, Miniaturen ihrer Bilderbuchhelden, Porzellan und viele Bilder. Dieser Raum zeigt sie als Sammlerin, die ihr Heim nach und nach in eine persönliche Schatzkammer verwandelte – ihre eigene, bewohnbare Puppenstube. Tatsächlich ist das Haus so klein, dass die Hunderten Besucher, die täglich anrücken, sich nur während eines ihnen zugewiesenen Zeitfensters aneinander vorbeischieben dürfen.

Fachliteratur und Trophäen in den Regalen im Wohnzimmer im Parterre zeigen die andere Seite der Schriftstellerin. Als Schafzüchterin war Beatrix Potter kaum weniger kenntnis- und erfolgreich als in ihrem Hauptberuf. Bilder an den Wänden zeigen immer wieder Potters Herzenslandschaft: den Lake District mit Bergen und Seen.

Als sie nach ihrer Heirat nach Castle Cottage übersiedelte, besuchte sie ihr kleines Refugium Hill Top fast jeden Tag, um nach ihren Schätzen und nach dem Garten zu sehen, um zu malen und zu schreiben. Auch die Umgebung ist so bewahrt, wie Beatrix Potter sie kannte. Nur die Autos, die die schmale Landstraße ins Dorf Near Sawrey entlangfahren, kommen in ihren Büchern nicht vor. Doch der Pub »Tower Bank Arms« nebenan, der im Werk verewigt ist und den es noch heute gibt, ist auf den ersten Blick wiederzuerkennen.

Die Kulisse ihres Lebens hat sich auch dank ihres visionären Engagements für den Erhalt der Natur kaum verändert. Die Berge und die funkelnden Seen unter dramatischen Wolkenbildern sind noch immer eine Landschaft zum Träumen, Wandern und Weltvergessen. Damit das auch in Zukunft so bleibt, erklärte die UNESCO den Lake District zum Welterbe.

Den Tourismus an den relevanten Orten der Seelenlandschaft Beatrix Potters wird dieser Titel indessen noch befeuern. Eine ihrer Farmen liegt in Hawkshead. In dem zwei Meilen von Hill Top entfernten Dorf ging William Wordsworth zur Schule, der große Dichter der Romantik. Die Schule ist erhalten, ein Schild kündet von dem illustren Zögling. Außer diesem Meilenstein der englischen Literaturgeschichte, der vom Ruhm des Hasen überstrahlt wird, besitzt Hawkshead krumme Häuschen aus dem 16. Jahrhundert, kleine Teestuben, gemütliche Pubs und die Beatrix-Potter-Galerie des National Trust.

Heute ist Hawkshead, das anders als das winzige Near Sawrey über einen großen Parkplatz verfügt, ein wahrer Hasen-Schrein. Die Schule Wordsworths würdigen die Hasen-Liebhaber zumindest durch ein Selfie im Vorübergehen. Reisenden aus Asien, die eigens Peters wegen den Abstecher in den Nordwesten Englands machen, wird in ihnen vertrauten Schriftzeichen der Weg in die Souvenirhandlungen gewiesen. Die schmalen, gewundenen Straßen ächzen im Sommer unter den schweren Bussen, die Beatrix-Potter-Fans aus der ganzen Welt nach Hawkshead bringen. Doch am Abend, wenn die Busse verschwunden sind, ist der Zauber der Landschaft mit ihren alten Höfen, den kleinen Dörfern und den großen Seen wieder spürbar. Es ist nicht das geringste Verdienst der Autorin, die der Welt den Hasen Peter schenkte.

Für Papisten ist im Schrank noch Platz

In Yorkshires Schlössern ist Geschichte lebendig – dank umtriebiger Schlossherren, die das Haus ihrer Ahnen erhalten

»Meine Familie hat das Schloss erheiratet«, gesteht Sir Thomas Ingilby. »Es war der billigste Weg, es zu bekommen.« Der Hausherr von Ripley Castle setzt seine Pointe mit sichtlichem Vergnügen. Immerhin, die Hochzeit aus Berechnung liegt siebenhundert Jahre zurück; seine fünf Kinder sind die achtundzwanzigste Generation von Ingilbys, die das Anwesen in Nord-Yorkshire bewohnen. Sir Thomas, mit blauem Blazer, heller Hose, gestreiftem Hemd und dezenter Krawatte ganz Gentleman im *country look*, erzählt von der langen Reihe seiner Ahnen. In erstaunlicher Konsequenz brachten die es fertig, bei innenpolitischen Zerwürfnissen stets auf der falschen Seite zu stehen, von der Reformation bis zum Bürgerkrieg: »Und das meist schon, bevor klar wurde, dass es zwei Seiten gab.«

Wie viele Adelige im Norden hielten die Ingilbys hartnäckig am katholischen Glauben fest, als Heinrich VIII. sich längst mit Rom überworfen hatte und seine Tochter Elizabeth I. – nach einem letzten katholischen Intermezzo unter ihrer Halbschwester Mary Tudor – den protestantischen Kurs zur Staatsreligion erhob. In Yorkshire zeugen bis heute malerische Ruinen der unter Heinrich geplünderten und zerstörten Abteien von seiner Entschlossenheit. Auf Ripley Castle berichtet die Familienchronik davon. Im Bürgerkrieg standen die Ingilbys ähnlich stur hinter ihrem glücklosen König Charles. »Beide Male bezahlten wir dafür, und nicht zu knapp.«

Ripley Castle, das sich mit zwei Türmen einer Festung gleich auf einem Hügel erhebt, bot hinlänglichen Schutz, wenn sich ein Ingilby mal wieder sehr weit aus dem Fenster gelehnt hatte. Vom *knight's chamber*, der Kammer des Ritters ganz oben im Turm, öffnet sich ein weiter Blick. Einige der uralten Eichen standen hier schon, als es überlebenswichtig war, nahende Gefahr beizeiten zu erkennen. Eine schmale Treppe windet sich den Turm hinauf; es brauchte nur einen einzigen Ingilby, sie gegen heranrückende Feinde zu sichern. Heute verweist hier oben ein großer *Pool*-Tisch auf ruhigere Zeiten. An die Vergangenheit erinnern Dolche, Flinten und Schwerter, die auf dem Tisch zur Ansicht ausliegen.

Sir Thomas zeigt den Besuchern ein altes Versteck in der Wand, in das gerade ein Priester passt. 1965 wurde es wiederentdeckt. »Darin konnte eine Kerze entzündet werden, ohne dass das Licht hervorschien.« Ein inoffizielles Porträt von Elizabeth I. hängt gleich daneben über dem Bild von Francis Ingilby. Dabei verband die beiden wenig. Durch Visionen beflügelt, ließ Francis sich an Heiligabend 1583 in Frankreich zum (katholischen)

Priester weihen. Bald darauf erließ Elizabeth ein Gesetz, das die Rückkehr von im Ausland ausgebildeten Priestern auf englischen Boden ebenso zum Hochverrat erklärte wie das Verstecken katholischer Geistlicher. 1586 wurde der im Verborgenen wirkende Francis in York ertappt, gehängt und geviertelt.

Sein älterer Bruder David, genannt »der Fuchs«, weil er sich geschickt einer Festnahme entzog, war nicht nur in Glaubensfragen unzuverlässig, sondern auch politisch gefährlich: Schon als Anfangzwanziger war er in den Aufstand nordenglischer Aristokraten verwickelt, die Elizabeths schottische Cousine Maria Stuart 1569 auf den englischen Thron zu setzen versuchten. Erstaunlicherweise lebte er dennoch weitere einunddreißig Jahre, die er im Exil, auf der Flucht und mit dem Einschleusen englischer Priester verbrachte. Dabei war Sir William, der Vater dieser beiden gefährlichsten Papisten des Nordens, ein treuer Diener Heinrichs, Mary Tudors und Elizabeths I., womit er ein hohes Maß an Flexibilität bewies. Doch schon beim – wiederum katholisch motivierten – Gunpowder Plot gegen Maria Stuarts Sohn James I., der 1603 noch auf Ripley Castle zu Gast gewesen war, waren neun der elf identifizierten Verschwörer Verwandte oder Freunde der Ingilbys.

Heute sind die Probleme der Familie andere. »Wir wohnen über dem Laden«, erklärt Sir Thomas das Geschäftsmodell von Burgen- und Schlossbesitzern im dritten Jahrtausend. Liebevoll betrachtet er in der Bibliothek das vierhundert Jahre alte Bier-Rezept. »Dieses Bier wird heute noch gebraut«, sagt er. »Der einzige Teil meines Erbes, der etwas einbringt.«

Um überdimensionale, chronisch sanierungsbedürftige Altbauten wie Ripley Castle erhalten und bewohnen zu können, müssen gegen Geld Besucher eingelassen werden. Doch das reicht noch nicht für den Unterhalt. Souvenirgeschäft und *tea room* gehören fast überall dazu, das Haus wird an Hochzeits-, Film- und Fernsehgesellschaften verliehen, der Park als Konzertfläche und der *State Dining Room* für Bankette vermietet, um die Kosten einzuspielen.

Evelyn Waugh, Satiriker, Romancier und Verehrer des englischen Herrensitzes, den er als eigentliches Kulturgut des Königreichs begriff, ahnte nichts von solchen Sorgen, als er 1937 auf seinem Weg nach Ampleforth Abbey – damals wie heute Sitz eines Benediktinerklosters mit Internat – an Castle Howard vorbeikam. Zwar ächzte der Land besitzende Adel schon Ende des 19. Jahrhunderts unter der Einfuhr billigen Getreides aus Amerika, die die heimische Landwirtschaft an den Rand des Ruins trieb. Hinzu kamen drastisch erhöhte Erbschaftssteuern, die die liberale Regierung von Premier Lloyd George 1909 zur Finanzierung dringend notwendiger Sozialreformen einführte und die jede Generation bei Antritt ihres Erbes vor Probleme stellte, die nur der Verkauf alter Meister, kostbarer Wandbehänge oder diverser Hektar

Grund zu lösen vermochte. Doch wiewohl zwischen den Weltkriegen zahlreiche alte Herrenhäuser unter den Hammer kamen und viele Kulturschätze der Interieurs nach Übersee verkauft wurden, war das Phänomen des Landsitzes als touristische Attraktion noch wenig bekannt. Wer es sich noch leisten konnte, das Haus seiner Väter zu bewohnen, spannte am Wochenende noch keine Kordeln vor der Sitzecke im Salon auf, um das Publikum auf Distanz zu halten.

Sogar Waughs unsterblicher Roman »Brideshead Revisited« (Wiedersehen mit Brideshead) über den Niedergang der feudalen Welt des Adels war noch Zukunftsmusik. Und doch sah er Castle Howard vor sich, als er im Winter 1944, gequält von schlechtem Essen, ständiger Gefahr und Erinnerungen an bessere Zeiten, das Buch über die glamouröse Vorkriegswelt des Adels schrieb. Denn Castle Howard, ab 1699 von Charles Howard, dem dritten Earl of Carlisle, erbaut, ist nicht nur – wie Brideshead – das einzige von einer Kuppel gekrönte Barockschloss in England. Wie Waughs fiktiver Adelssitz war auch der der Howards einst eine Burg, die abgetragen wurde, um anderswo auf den Ländereien – wo sich zuvor ein Dorf befunden hatte, das man rasch planierte – als Schloss wieder zu erstehen. Und schließlich besitzt auch Castle Howard seine eigene Kapelle. Allerdings ist diese keine katholische wie in Brideshead, sondern eine grundsolide anglikanische, dazu eine mit wunderschönen Fenstern, die Stationen aus dem Leben Christi zeigen. Entworfen hat sie der präraffaelitische Maler Edward Burne-Jones, angefertigt wurden sie in der Werkstatt des Freundes und Kollegen William Morris.

Nicht die Howards, sondern die adelige Familie Lygon diente Waugh als Vorbild für die komplizierten katholischen Flytes. Castle Howard aber spielt in der dreizehnstündigen *BBC*-Serie aus dem Jahr 1981 das barocke Brideshead und ist seither unauflöslich mit ihm verbunden. Die werkgetreue und detailverliebte Verfilmung mit Jeremy Irons hat sich so tief ins englische Gedächtnis gegraben, dass noch immer einschlägige Führungen durch Garten und Park angeboten werden. Der Brunnen, in den der junge Lord Sebastian champagnertrunken stürzt und an dem später die Liebe zwischen Charles und Julia Flyte endet; das Mausoleum, vor dem Charles mit Sebastians Schwester Cordelia über den unglücklichen Bruder spricht; schließlich die Vorfahrt zum Schloss, von der aus Charles Brideshead im Krieg wiedersieht – alle Drehorte schreitet der *guide* mit seinem Grüppchen ab und trägt die passenden Passagen aus einer zerlesenen Penguin-Ausgabe vor.

Als Waugh seinen Bestseller über bessere Zeiten schrieb, waren die für Castle Howard auch ohne Kriegseinwirkung vorbei. Ein verheerender Brand hatte im November 1940 die Kuppel und zwanzig Räume zerstört. Jahrzehnte sollten vergehen, bis das Schloss in altem Glanz erstrahlte. Zwar wurde es wieder bewohnbar gemacht und

1952 der Westflügel fürs Publikum geöffnet; die Howards zogen sich in den Ostflügel zurück. Doch es dauerte bis 1962, die Kuppel zu restaurieren, und erst die Dreharbeiten zu »Wiedersehen mit Brideshead« knapp zwanzig Jahre später spielten auch das Geld für den Wiederaufbau der Halle zum Garten ein.

Heute erzählen die Prunkgemächer mit Fresken, Statuen, Gemälden und barocken Möbeln vom feudalen Leben, das zehn Generationen auf Castle Howard führten und noch immer führen. Denn Räume wie das Schlafzimmer Lady Georgianas mit dem von einem goldenen Himmel aus schweren Vorhängen überspannten Bett werden auch heute genutzt, wenn die Howards zur publikumsfreien Zeit Gäste haben. Ihre Hochzeiten und Taufen feiern sie wie immer schon in der Kapelle, in der sonntags Chormitglieder vom Yorker Münster zur Abendandacht singen.

Fast ist es, als hätte sich auch jenseits der Grenzen des Parks von Castle Howard gar nicht viel verändert in dieser Landschaft, deren Dörfer ohne Werbeplakate und Satellitenschüsseln auskommen, die von keiner Industrie gezeichnet und von keinem Gewerbegebiet verunziert ist, in der sich schmale Straßen grüne, von Schafen beweidete Hügel hinaufwinden. Dass das vor allem in Immobilien unterhalb der Herrenhauskategorie anders empfunden wird, lässt in diesem Idyll einzig das »Brexit«-Votum vermuten.

Auch in Harewood House ist die Vergangenheit noch Gegenwart. 1759 begann der schwerreiche Edwin Lascelles mithilfe von Stararchitekt John Carr, Top-Innenausstatter Robert Adam und Landschaftsgestalter Lancelot »Capability« Brown, seinen Erfolg in den britischen Besitzungen in der Karibik in Stein zu meißeln. Geld spielte keine Rolle, das durfte jeder sehen. Die Zeit seit der Fertigstellung 1771 ist hier ausgebreitet wie ein fein geknüpfter, farbenprächtiger Wandteppich. Der gelbe Salon mit zierlichen Chippendale-Möbeln und Sèvres-Porzellan, der Zimt-Salon mit Familienporträts und Gemälden aus dem 18. und 19. Jahrhundert, schließlich der Ballsaal mit vier riesigen Spiegeln und die immer neuen Blicke auf Terrasse und Rosengarten, hinter dem sich der von Brown geschaffene Park erstreckt – Harewood House zeigt noch heute, dass die Geschäfte der Lascelles dank Sklaven und Zuckerrohr eine Menge Geld einbrachten.

Dem Reichtum folgte 1796 die Erhebung Edward Lascelles' in den Adelsstand. Nun war nichts mehr unmöglich. Prinzessin Mary, einzige Tochter des späteren Königs George V. und eine Tante von Elizabeth II., heiratete am 28. Februar 1922 Henry Viscount Lascelles. Bis der künftige sechste Earl of Harewood 1929 Titel und Haus erbte, lebte das junge Paar in Goldsborough Hall, einem schmucken Anwesen in der Nähe. Seit dem 18. Jahrhundert war es im Besitz der Lascelles und diente mal dem Erben im Wartestand, mal der Witwe des verstorbenen Grafen als Wohnsitz. Zur Taufe von Marys

Erstgeborenem in der Dorfkirche reisten als stolze Großeltern George V. und Queen Mary an. Heute ist Goldsborough Hall ein kleines, feines Hotel, in dem Bürgerliche sich adelig fühlen können.

1951, vier Jahre nach dem Tod Henrys, verkaufte die Familie das Anwesen im Kampf gegen erdrückende Erbschaftssteuern. Erst diente der Prachtbau als Schule, später als Altenheim. Als Mark und Clare Oglesby Goldsborough Hall 2005 kauften, stand das Haus seit zwanzig Jahren leer und befand sich in desolatem Zustand. »Eigentlich suchten wir ein Haus mit zwei Schlafzimmern, dies hatte vierzig und an den Tapeten rann Wasser hinab«, erinnert sich Mark. Auch eine Zentralheizung gab es nicht, es war Herbst, und das Paar erwartete Nachwuchs. Doch der Gedanke, dass dies einstmals das Haus Prinzessin Marys war, wog stärker als alle Bedenken.

Heute schmücken geschmackvolle Antiquitäten wohlig geheizte Räume. So soll es immer bleiben: »Niemals sollen hier Wohnungen entstehen. Wir wollen das Haus unseren Kindern vererben.« Goldsborough Hall ist heute Schauplatz glamouröser Hochzeitsfeiern und dekadenter Wochenenden. Prinz Harry logierte in der *Presidential Suite*, als er in der Nachbarschaft an einer Hochzeit teilnahm. Nur die Familie Lascelles ist außen vor: Goldsborough Hall war nach dem Krieg der Preis, den sie für den Fortbestand von Harewood House als Familiensitz zahlte.

Dort residiert heute der achte Earl über seinem

Laden. Die Außenflächen vermietet er als Kulisse für Hunde- und Oldtimer-Schauen. Auf dem Rasen vor der nördlichen Fassade dürfen Besucher picknicken und Ball spielen. Auch der Park mit dem von Capability Brown geschaffenen See, in dem sich die Wolken spiegeln, der ummauerte Küchengarten und der Himalaya-Garten, dessen Steingarten Prinzessin Mary und Graf Henry anlegten, sind dem Volk zugänglich. Abenteuerspielplatz und Café wurden sogar eigens fürs Publikum eingerichtet. Gelegentlich nimmt der Earl die Seile in den Prunkräumen ab und nutzt sie privat. Fotos von Hochzeiten und Taufen auf Tischchen und Kommoden zeigen, dass hier immer noch eine Familie wohnt. Auch ein Schnappschuss mit den Verwandten William und Kate ist dabei.

Der Tierarzt und die heile Welt

In Alf Wights Haus in Thirsk ist das Universum vom »Doktor und dem lieben Vieh« lebendig geblieben

Auf dem Sofa liegen Zeitschriften, auf dem Tischchen davor steht eine Schreibmaschine. Tiefe Sessel, abgewetzte Teppiche, ein Kamin und alte Stiche von Pferden an den Wänden verleihen dem Wohnzimmer eine ländlich-heimelige Atmosphäre. Über allem hängt ein medizinischer Geruch nach Salben und Desinfektionsmitteln. In diesem Ambiente lebte und arbeitete ab 1940 der Mann, der einstmals der berühmteste Veterinär der Welt werden sollte: Alf Wight, besser bekannt als James Herriot. Unter diesem Pseudonym veröffentlichte er die Anekdoten aus seinem Alltag als Landtierarzt. Seine Bücher haben den seither auf der ganzen Welt als starrsinnig geltenden Einwohnern Yorkshires zu Ruhm verholfen, und der *BBC*-Fernsehklassiker, der nach ihnen entstand, hat Menschen in allen Erdteilen entzückt.

»The World of James Herriot« ist eines jener Museen, in die der Besucher eintaucht wie in einen Film: Das Wohnzimmer wirkt, als hätte Alf Wight hier eben erst ein Kapitel in die schwerfälligen Tasten der alten Schreibmaschine gehämmert. Der Flur, in dem solide Regenmäntel über Gummistiefeln hängen, sieht so aus, als wären die Bewohner nur gerade zu Einkauf oder Visite außer Haus. Irgendwo schrillt ein Telefon, bis ein Besucher abnimmt: »Doktor«, ist da in breitem Yorkshire-Dialekt zu hören, »Mit meiner Kuh stimmt was nicht! Können Sie vorbeikommen?«

Erst in seinen Fünfzigern machte Alf Wight (1916–1995) wahr, was er seiner Familie seit über zwanzig Jahren angekündigt hatte: Er schrieb die oft skurrilen Erlebnisse mit seinen Patienten und ihren Besitzern auf. Aus seiner Frau Joan machte er die Tierarztgattin Helen, aus seinen Partnern, den Brüdern Donald und Brian Sinclair, wurden Siegfried und Tristan Farnon. Seine Heimatstadt Thirsk verwandelte er in das Dorf Darrowby. Ansonsten schrieb Wight nieder, was er erlebte – mit viel Humor und wenig dichterischer Verfremdung. Sogar die Einrichtung ist wiederzuerkennen.

Mit akribischer Liebe zum Detail wurde das Haus im Stil der vierziger Jahre hergerichtet – ganz so, wie man es auch aus der Fernsehserie kennt. So dokumentiert es heute nicht nur das erfüllte Leben Wights zwischen Praxis und Familie, sondern auch den Alltag im England der Kriegs- und Nachkriegsjahre. Trotz weltpolitischer Katastrophen und materieller Nöte war die dörfliche Miniatur der Welt in jenen Tagen in Ordnung. Aus dem Radio in der Küche klingt Glenn Miller, und es gab kaum etwas, das sich nicht bei einem Bier im Pub klären ließ.

Nur einen Steinwurf vom Haus entfernt liegt der Dorfplatz von Thirsk, der noch immer von Geschäften und der Schänke gerahmt wird. Stünden hier nicht Autos, die eindeutig aus dem dritten Jahrtausend stammen, könnte man sogar außerhalb des Museums leicht glauben, Alf Wight praktiziere wie eh und je.

1991 ging Alf Wight nach einundfünfzig Berufsjahren in den Ruhestand. Vier Jahre später starb er. Seit 1999 schon ist sein Haus ein Museum. Die begeisterten Kommentare im Gästebuch zeigen, dass der Wunsch der Leserschaft, das Privatleben von Lieblingsautoren zu ergründen, sich hier in schönster Weise erfüllt. Das Parterre des Hauses 23 Kirkgate ist genau so hergerichtet worden, wie es früher war – für Authentizität bürgten Alfs Witwe Joan und ihre Kinder. Die Scheune hinterm Haus, das Obergeschoss und das Nachbarhaus sind hingegen Ausstellungen gewidmet, die das Leben des Doktors in allen Facetten darstellen. Im Hof ist eine Hufschmiede eingerichtet, neben dem Haus wacht eine Statue Wights mit Hund im Arm. Eine Ausstellung über die Verfilmungen gibt Besuchern die Gelegenheit, durch echte *BBC*-Kulissen zu laufen und sich zugleich auf dem Fernsehbildschirm zu sehen – die Kamera läuft. Hier steht auch der liebevoll polierte alte Austin Seven, mit dem der Herriot der *BBC*-Serie über die schmalen Landstraßen Yorkshires kurvte.

1970 veröffentlichte Wight sein erstes Buch, das im Original »If Only They Could Talk« hieß – wenn die Viecher bloß sprechen könnten. Der Brief des Literaturagenten, der zuschlug, ist ebenso ausgestellt wie Ausgaben der millionenfach verkauften und in sechsundzwanzig Sprachen übersetzten Romane. Eine eigene Ausstellung widmet sich dem Tierarztberuf im Wandel der Zeit. Schon die rustikalen Gerätschaften machen deutlich, dass ein Landtierarzt in den vierziger und fünfziger Jahren ganz und gar nicht zimperlich sein durfte.

Tafeln geben über Wights Partner Auskunft. Freunde schildern Donald Sinclair alias Siegfried Farnon hier als die schillernde, exzentrische Persönlichkeit, die der wunderbare Schauspieler Robert Hardy unsterblich machte. Während Alf und Donald unbeeindruckt von ihrer plötzlichen Prominenz weiterhin Tag für Tag durch Kuh- und Schweineställe stiefelten, machte sich der jüngere Brian den Ruhm zunutze. In Amerika, wo die Herriot-Bücher besonders populär waren, unternahm er ausgedehnte Vortragsreisen – ganz so, wie man es sich auch von seinem verspielten literarischen Abbild Tristan vorstellen könnte.

Graf Dracula war Engländer

Whitby war nicht nur nautische Heimat des Seefahrers James Cook, sondern auch Geburtsort des berühmtesten Vampirs der Welt

Möwen schreien. Schmale Häuser drängen sich an beiden Seiten der Mündung des Esk ins Meer. Auf einer Steilklippe erhebt sich das Gerippe einer verfallenen Abtei. Friedlich liegt tief unter ihr Whitbys Fischereiflotte im Hafen. Wenn im Herbst Stürme in der Nordsee toben, füllt sich der Hafen mit Schiffen, die hier Schutz suchen. Das war auch schon so, als Captain James Cook in Whitby seine Lehrzeit absolvierte.

Der spätere Entdeckungsreisende begann seine Karriere auf Transportkähnen für Kohle, die in Whitby ihren Heimathafen hatten. Das Haus der Familie Walker, in dem er während seiner Ausbildung wohnte, ist heute Heimat des Captain Cook Memorial Museums. Denn die Verbindung des Seefahrers mit Whitby war von Dauer. Von hier brach Cook 1768 zu seiner ersten großen Forschungsreise auf. Die »Endeavour«, mit der er seine erste, drei Jahre dauernde Südseereise unternahm, wurde ebenso wie die »Resolution« in Whitby gebaut. Das Band wurde gewaltsam gekappt, als Cook 1779 von Bewohnern einer der heute Hawaii genannten Sandwichinseln erschlagen wurde. Auf der Westklippe blickt sein Denkmal stolz über die Bucht der Flussmündung – tatsächlich schaut Cook außer auf einen Bogen aus Walknochen, der an den Walfischfang im 18. Jahrhundert erinnert, auf die Fenster jener Kirche, die später den Schriftsteller und Theatermanager Bram Stoker interessieren sollte.

Stoker zog sich 1890 nach Whitby zurück, um im Seeklima Besserung seiner angeschlagenen Gesundheit zu suchen. Stattdessen fand er die Inspiration zu seinem berühmtesten Roman. Bleibenden literarischen Ruhm erlangte Whitby, weil Stoker »Dracula« nicht nur hier ersann, sondern auch drei Kapitel hier spielen ließ. Und da sich das alte Städtchen seither kaum verändert hat, können Vampirfans den Roman heute noch als Reiseführer nutzen.

Vom Royal Hotel auf der Westklippe, wo er Quartier genommen hatte, schaute Bram Stoker über die Mündung auf die andere Seite des durch den Esk geteilten Städtchens. Dort erheben sich hinter Kirche und Friedhof die Ruinen der Abtei, die 657 von der Heiligen Hilda gegründet wurde. Sieben Jahre später trafen sich hier Vertreter der keltischen und der römischen Kirche, um Grundsätzliches zu klären – etwa den genauen Zeitpunkt des Osterfestes. Die Synode von Whitby legte das Datum endgültig zugunsten des römischen Ritus fest. Andere Dinge blieben weniger fassbar, vor allem, als die Abtei nach der Auflösung der Klöster im 16. Jahrhundert verfiel. Noch unter viktorianischen Badegästen zirkulierten Augenzeugenberichte von einer Weißen Dame, die gelegentlich zwischen den Mauerresten spazieren ging.

Wenn die Sonne untergeht, fallen ihre letzten Strahlen rotgolden in die ovalen Seitenfenster der unter der Abtei gelegenen Kirche St. Mary's. »Die Sonne stand schon tief am Horizont und begann gerade hinter Kettleness zu versinken; das rote Licht fiel hinüber auf die Ostklippe und die alte Abtei und tauchte alles in wunderbar rosiges Glühen«, heißt es im Buch. Bram Stoker ließen die aufstrahlenden Fenster an feuerrot leuchtende Augen denken – sie wurden ein Motiv seines Romans.

Und noch mehr sah er von seinem Hotel aus: Das ganz und gar reale Wrack eines russischen Schiffes, das 1885 vor der Küste auf ein Riff gelaufen war, verband sich vor seinem inneren Auge mit dem Bild eines schwarzen Hundes, der sich als einziges lebendes Wesen an Land rettet, die hundertneunundneunzig Stufen bis zur Kirche und dem Friedhof hinaufjagt und zwischen den abgesackten Grabsteinen verschwindet – der erste Auftritt des Vampirs in England.

Stokers Begeisterung für Whitby legte er seiner Heldin Mina Murray in den Mund: »Es ist ein reizendes Fleckchen Erde. Der kleine Fluss, der Esk, kommt durch ein tiefes Tal herunter, das sich in der Nähe des Hafens erweitert. Es ist lieblich grün und so tief eingeschnitten, dass man von den Hängen aus nicht heruntersehen kann, wenn man nicht direkt bis an den Rand tritt …« Viele der Gräber am Rande der steilen Böschung stammen aus dem 18. Jahrhundert, als die Kirche St. Mary's nur über die schweißtreibenden Stufen zu erreichen war. Im Roman rennt Mina nachts in wilder Hast nach oben, um ihre schlafwandelnde Freundin Lucy vor dem durstigen Vampir zu retten: »Die Zeit und die Entfernung schienen mir unermesslich lang; meine Knie zitterten und mein Atem rang sich keuchend aus meiner Brust, als ich die endlosen Stufen zur Abtei hinaufsprang«, notiert Mina anderntags in ihrem Tagebuch.

Mina und Lucy verbringen bis zum Erscheinen des Vampirs sorglose Ferientage in ihrem Haus an der Straße East Crescent. Doch in nächster Nachbarschaft lauern erste Berührungspunkte mit dem Bösen: Im Haus Nummer sieben lebt nämlich Rechtsanwalt Billington, der von Graf Dracula damit beauftragt wird, sich um eine seltsame Fracht aus Transsilvanien zu kümmern: fünfzig Kisten voller Erde.

Wie Mina und Lucy im Buch schätzten auch Stokers Zeitgenossen Whitby als Urlaubsort. Lewis Carroll, Autor von »Alice in Wonderland«, gehörte zu den Stammgästen. Die kauften Ketten und Armbänder aus schwarzem Gagat, einem fossilen Holz, das hier noch heute von Kunsthandwerkern bearbeitet wird. Er war sehr in Mode, weil Königin Victoria aus Trauer um ihren Albert nur schwarzen Schmuck trug. Außerdem ließen sich die Urlauber vom Fotografen Francis Meadow Sutcliffe ablichten. Der bewahrte seine Negative sorgfältig auf, sodass seine Porträts von einheimischen Seefahrertöchtern und kurenden Damen der Gesellschaft noch heute viktorianische Stadtgeschichten erzählen. Ausflüge ins nahe Robin Hood's Bay waren ebenfalls beliebt. Auch Mina und Lucy nehmen in dem an der Steilküste klebenden Fischerdorf ihren Tee.

Gewundene Sträßchen und windschiefe Fischer-*Cottages* weisen die östliche Hälfte Whitbys als den älteren Stadtteil aus. Lange bevor Graf Dracula es sich im Grab eines Selbstmörders auf dem Friedhof bequem machte, wohnte hier der angehende Seemann, der als Captain James Cook berühmt werden sollte.

Gleich neben der Werft liegt der Bahnhof, den Stoker ebenfalls im Roman verewigte. Von hier aus reist Graf Dracula ab, nachdem er nur zehn Tage zuvor auf dem zerschellten russischen Schiff »Demeter« in Whitby angekommen war. Mit dem Neun-Uhr-dreißig-Güterzug bricht der Gast aus Transsilvanien auf in Richtung King's Cross, London – in einer seiner fünfzig Kisten.

Sturmböen am Mersey

Noch in den achtziger Jahren bot Liverpool ein Bild der Tristesse. Dann nahm die Heimatstadt der Beatles ihr Schicksal selbst in die Hand

Tassen, Gläser und Teller stapeln sich auf der Theke des Cafés in der Tate Gallery zu bedenklichen Türmen. Die Kellner laufen um die Wette, um Geschirr abzuräumen und neue Tabletts aus der Küche zu tragen. Schließlich muss der Manager einspringen, um die Berge abzutragen. Die Besucher lassen sich von der Hektik nicht anstecken. Unter bunten Bannern, die Pop-Art-Künstler Sir Peter Blake maritimen Signalen nachempfunden hat, sitzen sie und trinken Latte Macchiato oder Wein, essen biologisch erzeugte und mediterran interpretierte Speisen und plaudern über die Ausstellungen oben. Es ist Sonntag. Man ist ganz bei sich.

Vor den Fenstern der Tate Liverpool ist kaum weniger los. Die Wucht der Sturmböen, die von der Irischen See an den Mersey wehen, erklärt, warum es lange hieß, man könne hier keine Hochhäuser bauen. Doch die restaurierten Lagerhäuser des Albert Dock sind mit ihren Museen, Cafés und Restaurants bei jedem Wetter ein bevorzugtes Ziel, für Besucher wie für die Bewohner der Stadt.

Vor dem Museum »The Beatles Story« warten

die Fans geduldig und immerhin gut beschallt im Regen. Es muss gesagt werden: Anders als in anderen Teilen der Insel regnet es in Liverpool tatsächlich häufig – an hundertachtzig Tagen im Jahr. Das bedeutet gut einen Regenmonat mehr als der Landesschnitt es vorsieht. Auch deshalb sind die zahlreichen Museen ein Segen: Außer der 1988 eröffneten Tate Liverpool sind da etwa die Walker Art Gallery, das 2011 eröffnete Museum of Liverpool und das schon 1986 in Block D des Docks eingezogene Merseyside Maritime Museum mit dem Internationalen Museum für Sklaverei in der dritten Etage.

Dieses Museum erkundet die Beziehungen zwischen Stadt, Fluss und Meer. Den Aufstieg zur Handelsmetropole verdankte Liverpool dem Hafen und den Waren, die dort umgeschlagen wurden – auch wenn die in Westafrika gegen Plunder und Tand aus Europa getauschten Sklaven ohne Umweg über den Mersey in die Neue Welt geschafft wurden, bevor die Schiffe mit Zucker und Rum beladen zurückkehrten.

»*It's too depressing, love*«, erklärt einer der Wärter, der vor dem Museum eine Zigarettenpause macht – einfach zu deprimierend. Innen stehen die Menschen trotzdem vor Fußschellen und vor Bildschirmen, die Liverpooler Straßennamen erklären. Erstaunlich viele sind nach Sklavenhändlern benannt. Nur der Knopf, hinter dem sich die Erläuterung des Zusammenhangs zwischen Sklaverei und der von den Beatles besungenen »Penny

Lane« verbirgt, funktioniert nicht – er ist beschädigt von allzu brennendem Interesse.

Als Stadt mit schwerem industriellem Erbe und geglücktem Strukturwandel wurde Liverpool 2008 eine typische europäische Kulturhauptstadt; Städte, die ihren Erfindungsgeist an der Aufgabe schulten, aus morschen Lagerhäusern und verrotteten Fabrikgebäuden interaktive Museen zu machen, haben beim Rennen um den Titel stets gute Chancen. Noch in den achtziger Jahren hatte die Hafenstadt ein Bild der Tristesse geboten – eine Spätfolge des Zweiten Weltkriegs, als Liverpool die nach London am stärksten beschädigte Stadt im Königreich war. Den Hafen, der jahrhundertelang Herz der Stadt und Quelle ihres Wohlstands gewesen war, hatte die deutsche Luftwaffe zerstört. Die Schifffahrts-Gesellschaften verließen Liverpool. In den siebziger Jahren erreichte die Arbeitslosenquote in einigen Stadtvierteln neunzig Prozent. Die Politik der Thatcher-Jahre trug wenig dazu bei, eine am Boden liegende Arbeiterstadt wieder aufzurichten.

Das nahm sie schließlich selbst in die Hand. Vorsichtig begann die Sanierung des alten Hafens. In schicken Neubauten haben heute Spieler des FC Liverpool und andere Besserverdienende Eigentumswohnungen mit Flussblick. Alte Handelshäuser und neoklassizistische Prunkbauten wurden restauriert. Vielleicht liegt es am herben Charme der windgepeitschten Stadt, dass sich ihre kreativen Söhne und Töchter stets tatkräftig für sie einsetzten. Sir Paul McCartney verwandelte seine und George Harrisons einstige Schule, ein schönes, aber seinerzeit halb verfallenes und vom Abriss bedrohtes Gebäude aus dem 19. Jahrhundert, zusammen mit dem Unternehmer Mark Featherstone-Witty ins Liverpool Institute for Performing Arts. Der 2001 verstorbene George Harrison schickte den dicksten Scheck, als es galt, das Palm House zu restaurieren, ein viktorianisches Gewächshaus im Sefton Park. Andere trugen Denkmäler wie das für die Maschinisten der »Titanic« bei, die in Belfast gebaut wurde, deren Reederei aber im Cunard Building ansässig war.

»Wenn etwas bizarr ist und Kunst, findet man es hier«, erklärt Stadtführerin Sylvia, gebürtige Liverpoolerin, Zeitzeugin und Betroffene der Beatlemania der sechziger Jahre, die örtliche Aufgeschlossenheit für visuelle Experimente. Ja, und die Beatles, an denen kommt man hier nie ganz vorbei, auch wenn Liverpool sich lange schwertat, die berühmteste Band aller Zeiten als touristisches Kapital zu begreifen und nicht als Flause verwirrter Pilger aus Japan und Amerika. Klar, man liebte die vier auch hier heiß, aber dass Touristen um die halbe Welt reisten, um sich ihre Schulen und Elternhäuser anzuschauen, erschloss sich nicht jedem. Schließlich beschloss der Stadtrat, dass ein solches musikalisches Erbe kein schlechter Grund sei, sich als Stadt der Musik zu positionieren. Als die UNESCO das historische Hafenviertel als »herausragendes Beispiel eines Handelshafens in der Zeit des größten globalen Einflusses Großbritanniens« 2004 zum Weltkulturerbe erklärte, war das Selbstvertrauen Liverpools so weit erstarkt, dass man auch mit dem großen Beatles-Erbe leichthändiger verfuhr.

Die Elternhäuser von John Lennon und Paul McCartney sind heute in Händen des National Trust, der »Magical Mystery Tour«-Bus dreht unablässig seine Runden, das schicke Hotel »Hard Day's Night« ist das erste von den Beatles inspirierte Hotel der Welt. Natürlich besitzt es »fabelhafte vier Sterne«, wie es zu den »Fab Four« passt, und liegt in unmittelbarer Nachbarschaft zum legendären Cavern Club.

Dabei sind die Beatles zwar unzweifelhaft die größten, nicht aber die einzigen Heroen der Popmusik, die ihre Wurzeln am Mersey haben. Das beweist der sechsundfünfzig Plaketten umfassende »Wall of Fame« an einer Fassade in der Mathew Street, wo 1961 die Karriere der Beatles im Cavern Club begann. Jeder Nummer eins aus Liverpool in den Charts ist an der Fassade eine Tafel gewidmet, und außer den Beatles sind auch Bands wie Gerry and the Pacemakers, The Searchers, Frankie Goes to Hollywood und Orchestral Manoeuvres in the Dark vertreten. In den siebziger Jahren wurde der Club abgerissen, später originalgetreu wieder aufgebaut und 1984 neu eröffnet. Fast ist es, als würde alles in Liverpool sich zwischen Extremen bewegen, als drohte hier stets ein Ende, in dem immer auch die Chance auf Neubeginn wurzelt; womöglich ist das der kreative Nährboden der Stadt.

Bei Nacht steht die Freizeitgestaltung der *Scousers*, wie sich die Liverpooler nach ihrem Dialekt nennen, auch im Zeichen der Trinkkultur. Einmal mehr nötigt Besuchern vom Kontinent die Entschiedenheit Respekt ab, mit der das Inselvolk Alkohol vernichtet, wo immer es ihm begegnet. Die Frauen stets mit bloßen Schultern, die Männer sommers wie winters mit aufgerollten Hemdsärmeln, ziehen die *Scousers* um die Häuser und beweisen nebenbei, welche Zähigkeit es braucht, ein Weltreich zu erobern – und dass nur diese Härte gegen sich selbst eine Nation dazu befähigt, auch dessen Verlust mit Haltung zu tragen. Das exzessive Nachtleben passt nicht schlecht zu einer Stadt, die alle Schicksalsprüfungen gemeistert hat.

Langsam wird die Zeit schwerer Armut zur Erinnerung. Mit Stolz blickt die Stadt auf ihre Rekorde, so unterschiedlich sie sind. Chinatown besitzt das größte chinesische Tor außerhalb Chinas. Die anglikanische Kathedrale ist die größte, ihr katholisches Pendant die vielleicht modernste des Landes. Die Gezeitenunterschiede des Mersey betragen zehn Meter, und wenn der Wind pfeift, scheint die Irische See bis in die Stadt zu wogen. Vor dreißig Jahren noch galt der Mersey als der am schlimmsten verschmutzte Fluss Europas. Heute ist er einer der saubersten.

Mit dem Besen über die Burgmauer

Besenreiten in Alnwick Castle, Stammsitz der Herzöge von Northumberland und Hogwarts der ersten beiden Harry-Potter-Filme

Professor Gideon Kebble trägt einen schwarzen Umhang, einen spitzen Hut und einen langen Schal zum Schutz vor dem kalten Wind, der aus Schottland herüberweht. Sein eisengrauer Bart weist ihn als erfahrenen Zauberer aus. Leider ist seine geschätzte Kollegin, die Fluglehrerin Professor Amanda Hufflepump, heute verhindert, erklärt er. An ihrer Stelle hat er einen Referendar mit grauem Spitzhut mitgebracht. Kebble schreitet die Reihe seiner Schüler ab, der Zauberlehrling folgt ihm mit einem Bollerwagen voller Reisigbesen.

Schauplatz des Flugtrainings ist der äußere Burghof von Alnwick Castle, das in den ersten beiden Harry-Potter-Filmen die Rolle des Zauberinternats Hogwarts übernahm. Genau hier half Fluglehrerin Madam Hooch Harry, Hermine und Ron auf die Besen.

Auch ohne dieses Spektakel könnte die Kulisse eindrucksvoller kaum sein. Hinter den Flugschülern erhebt sich die Burg, deren Mauern in die Zeit der normannischen Eroberung zurückreichen. Seit dem Jahr 1309 ist die Festung im Besitz der Percys, deren Vorfahre William mit Wilhelm dem Eroberer aus der Normandie herüberkam. Bis heute gehören die Percys, erst Barone, dann Grafen und später Herzöge von Northumberland, zu den reichsten Adelssippen Englands. Ihr Ahne Harry »Hotspur« Percy wurde von Shakespeare im ersten Teil des Historien-Dramas »Henry IV« verewigt. Hinter der Burgmauer, wo eine von Lancelot »Capability« Brown geschaffene Landschaft aus Hügeln und Schafen ländlichen Frieden verströmt, tat im Jahr 1093 der schottische König Malcolm, Sohn und Rächer des von Macbeth ermordeten Duncan, am Ufer des Flusses seinen letzten Atemzug.

Selbst für Ralph Percy, den zwölften Herzog, dessen Vermögen auf komfortable dreihundert Millionen Pfund geschätzt wird, ist der Unterhalt der Burg seiner Väter mit empfindlichen Kosten verbunden. Deshalb verdient das Haus bei Filmen wie »Elizabeth« mit Cate Blanchett, »Robin Hood« mit Kevin Costner, den Potter-Filmen und »Downton Abbey« als Drehort dazu. Ein umfangreiches Unterhaltungsangebot für Familien und der spektakuläre, von der derzeitigen Herzogin Jane angelegte Garten machen die zweitgrößte bewohnte Burg Englands zu einer Sehenswürdigkeit, für die allein sich die Reise in den äußersten Norden des Landes lohnt.

In einer langen Reihe haben die Eleven Aufstellung genommen: Kinder, Eltern und erwachsene Harry-Potter-Fans, die kein offensichtliches Alibi neben sich stehen haben. Das ist auch nicht nötig. *Broomstick training* eigne sich für jedes Alter, hatte man uns gesagt, als wir nur für unseren Sohn ein Ticket fürs Elf-Uhr-Training ergattern wollten und gleich drei erhielten. Die Karten, die jeweils eine Hexe oder einen Zauberer zur Teilnahme berechtigen, kosten nichts – der Eintritt in die Burg voller Schätze und Geheimnisse ist ohnehin erklecklich. Doch die Nachfrage nach Flugunterricht ist so groß, dass die Teilnehmerzahl mittels Zeitfenstern und Karten reguliert werden muss. Sobald wir die kostbaren Karten in Händen hielten, war die Ausstellung zur Fernsehserie »Downton Abbey«, deren zwei letzte Weihnachtsspecials in Alnwick Castle gedreht wurden, erst mal abgeschrieben. Auch die Drachenjagd, das Bogenschießen und den Besuch in den Prunkgemächern mit ihren Kunstschätzen, Antiquitäten und Familienfotos der Percys verschieben wir auf später. Das Flugtraining hat für das Kind oberste Priorität.

Professor Kebble fordert jeden zweiten in der Reihe auf, »fünf Hagrid-Schritte nach vorne« zu machen. Jeder hier weiß, wie groß die Schritte des Halbriesen Hagrid sind. Schon stehen die Teilnehmer einander in zwei Gruppen gegenüber. Nun erklärt Kebble Grundlegendes: die Übernahme des Fluggeräts. In die Knie gehen, leicht federn, die Arme ausstrecken – und zupacken! Sonst hat der Besen sich schnell unbemannt in die Lüfte erhoben.

Das Manöver gelingt, alle haben ihren Besen im Griff. Wer es besonders gut gemacht hat, wird mit zehn Punkten für sein Haus belohnt wie die

Schüler im Zauberinternat. In der Grundposition lässt jeder seinen Besen zunächst senkrecht hängen. »Treten Sie zur Seite, halten Sie den Besen mit beiden Händen fest, springen Sie auf!« Wichtig: Während des Sprungs muss jeder »*Mounttta!*« schreien, mit langem Doppelvokal und starkem »t« am Ende, das in einem schwachen »a« ausklingt. Mit gellendem »*Mount!*« springen alle auf ihre Besen. Ein paar Versuche braucht es, bis alle durchdringend genug schreien und jeder fest auf seinem Besen sitzt. Nicht nur die Kinder sind mit Feuereifer dabei. Das Ganze ist so himmelschreiend komisch, die Lehrer zugleich von solchem Ernst durchdrungen, dass die Erwachsenen sich jeder Lächerlichkeit enthoben fühlen. Die Kinder haben ohnehin großen Spaß.

Wer einmal auf dem Besen sitzt, muss beschleunigen und bremsen lernen, bevor er an eine Karriere im Quidditch auch nur denken darf. Kebble zählt bis drei, ruft »*Go!*« und alle fliegen los. Das heißt: Wir bewegen uns auf unseren Besen vorwärts, rudern mit dem freien Arm durch die Luft und machen weisungsgemäß »ein kleines, magisches Geräusch«. Ruft der Professor »*Stop!*«, müssen die Schüler nicht nur anhalten, sondern in der Bewegung gefrieren. Kebble hält auf Disziplin: Wer hilflos kichert, wackelt oder vom Besen kippt, muss zurück zum Startpunkt.

Schließlich klappt alles. »Und jetzt über die Burgmauer!«, kommandiert Kebble. Einen Augenblick lang sind wir geneigt, es zu versuchen.

Doch Kebble weiß: »Beim ersten Versuch schafft es kaum einer.« Also geht es zurück über die Wiese im Burghof. Diesmal gibt der Meister mit dem Besen Zeichen: Hebt er den Besen an, heißt dies »*Go!*«, senkt er ihn, bedeutet dies »*Stop!*«, hält er ihn ausgestreckt vor sich, muss jeder auf einem Bein hüpfen und den passenden Soundtrack intonieren: »*Boing, boing, boing.*« Die Sprachbarriere ist für die Kinder längst gefallen, generationenübergreifend macht sich vergnügte Albernheit breit, die auch ohne Fluggerät fast schon Flügel verleiht.

Am Schluss sammeln beide Lehrkräfte ihre Schüler um sich. Eine gute und eine schlechte Nachricht kündigt Professor Kebble an und bereitet zunächst auf die schlechte vor: Schlimm werde das, Tränen würden fließen. Aber es muss raus: »Die erste Stunde Hexenbesen-Training ist vorbei!« Alle werden von imaginärem Schluchzen geschüttelt. Die gute: Alle haben bestanden, mit Auszeichnung sogar! Längst sind wir so mit unserer Rolle verschmolzen, dass wir uns fühlen wie Harry Potter nach einem siegreichen Abschnitt beim Trimagischen Turnier. Unser Sohn ist vom Flugunterricht wie gebannt. »Das war so toll«, seufzt er und lobt auch das Fluggerät: »Bestimmt war das ein Nimbus Zweitausend.«

Für sechs Pfund erwerben wir in einem diskret in die alten Mauern eingelassenen Souvenirlädchen ein in China gefertigtes Stück Plastik, das einem etwas knorrigen Ast gleicht, für unseren Sohn aber klar als ein weiteres Exemplar von Harry Potters Zauberstab zu identifizieren ist. Dann kehren wir langsam in die Realität zurück. Zu den Überraschungen in den öffentlich zugänglichen Prunkgemächern zählen Gemälde von Turner und Canaletto, aber auch Fotos, die an den Besuch von Prinz Charles im Jahr 2011 erinnern. Die eindrucksvoll bestückte Hausbar, ein Tischkicker und der Fernseher in der mit kostbaren Büchern gepflasterten Bibliothek zeugen von der andauernden privaten Nutzung der Räume.

In einer Vitrine ist das Todesurteil für den siebenten Earl mit der kunstvoll gezeichneten Unterschrift Elizabeths I. ausgestellt. Thomas Percy hatte sich am missglückten Aufstand der Grafen aus dem Norden beteiligt, dessen Ziel die Inthronisierung der katholischen schottischen Monarchin Mary Stuart war. Weil Elizabeth ihn schätzte, wurde Thomas in York sauber geköpft; Strang und Vierteilung erließ sie ihm. Es dauerte, bis die Familie begriff, dass ihr Festhalten am römischen Glauben ihr weiteres Fortkommen ernsthaft behinderte.

Während die Eltern Zeugnisse der Geschichte Englands und der Wohnkultur der Percys betrachten, vermisst auch das Kind die Gemächer. In den meisten Räumen sind kleine Plüschlöwen versteckt – auf einem Kaminsims, am Kronleuchter hängend oder auf der eingedeckten Tafel im *dining room*, die noch die Namensschilder des Earls of Grantham und anderer Charaktere aus der letzten Folge von »Downton Abbey« zieren. Wer dem *guide* am Ausgang die richtige Zahl versteckter Löwen nennt, bekommt einen Anstecker. Später laufen wir über die Burgmauer und erkunden den Garten mit seinen Wasserspielen und dem Giftgarten, der seiner teils hochgiftigen Pflanzen wegen nur in Begleitung eines *guides* betreten werden darf. Kinder, die sich im Kostümfundus in Ritter und Prinzessinnen verwandelt haben, sausen umher. Unser Sohn hebt immer wieder seinen Zauberstab und spricht: »Lumos«. Erleuchtet fühlen wir uns nicht – wohl aber bezaubert.

Wenn die Krone Ausgang hat

*Die Sammlung der Kronjuwelen im Londoner Tower
erzählt von tausend Jahren Monarchie*

Zweitausendachthundertachtundsechzig Diamanten, siebzehn Saphire, elf Smaragde, zweihundertneunundsechzig Perlen und vier Rubine schmücken die Imperial State Crown. Zu den Diamanten zählt der Cullinan II, auch bekannt als »Second Star of Africa« und mit dreihundertsiebzehn Karat einer der größten Diamanten der Welt. Vier Perlen, von denen drei einer Legende zufolge aus dem Besitz von Elizabeth I. stammen, weitere von Maria Stuart und Katharina von Medici sowie ein Saphir, der im 11. Jahrhundert König Edward dem Bekenner gehört haben soll, machen die Krone auch historisch überaus bedeutsam.

Kein Zweifel: Dies ist kein Accessoire für jeden Tag, und es wäre ärgerlich, es zu verlieren. Dennoch ist dies die Krone, die am häufigsten den Hochsicherheitstrakt verlässt, in dem die Besucher des Tower und seiner Schatzkammer – immerhin zweieinhalb Millionen pro Jahr – auf Rollbändern an den Kronjuwelen vorbeigefahren werden. Denn sie ist die Dienstkrone der Königin. Wann immer Elizabeth II. im House of Lords das Parlament eröffnet – seit 2009 ist das nicht mehr im November, sondern alljährlich im Mai der Fall –, steht zwischen funkelnden Diademen und juwelenbesetzten Schwertern in einer leeren Vitrine ein kleines Schild mit den Worten »*in use*«.

Obwohl dieses Exponat somit recht häufig in Gebrauch ist, sind seine Abwesenheiten anders als die der Coronation Crown, die nur zur Krönung eines Monarchen den Tower verlässt, berechenbar. Denn die Königin darf sich nicht in der Schatzkammer bedienen, wenn sie etwa einen Theaterbesuch plant. »Jedes Stück hat eine klar definierte Bestimmung«, erläutert Steve Sullivan, der als Deputy Chief Exhibitor die Ausstellung der Juwelen betreut. Private Zwecke zählen nicht dazu. Die Kronjuwelen gehören nicht der Monarchin, sondern der Nation. Und so liegen Zepter, Reichsäpfel und Krönungsutensilien nicht im Schrank der Königin herum, sondern im Upper Wakefield Tower. Hier bilden sie eine der meistbesuchten Attraktionen des Königreichs.

Die Schätze der Krone sind auf drei Paläste im Londoner Raum aufgeteilt: Kensington Palace beherbergt die mehr als zehntausend Kleider umfassende Royal Dress Collection, der außerhalb gelegene Palast Hampton Court eine Sammlung kostbarer Wandteppiche, der Tower bewahrt seit 1303 neben der Waffensammlung auch die Kronjuwelen. »Es ist der sicherste Ort, den es für die Sammlung geben kann«, erklärt Steve Sullivan. Denn die Festung schützt nicht nur starkes Mauerwerk, hier lebt hinter leuchtend blauen Türen auch eine kleine Gemeinde von Menschen, die ausschließlich mit der Bewachung des Schatzes betraut sind. Unterstützt werden sie von Angehörigen der Armee.

Die Statistik stützt Sullivans These: Seit die Juwelen 1661 nach Bürgerkrieg und Cromwell-Regime hierher zurückgebracht wurden – oder vielmehr das, was nach dem Sturz der Monarchie von ihnen übrig war, denn während dieser aus Sicht des Hofes recht unseligen Episode wurde ein Großteil eingeschmolzen oder verkauft –, hat es nur einen Diebstahlversuch gegeben. Und der liegt immerhin schon fast dreihundertfünfzig Jahre zurück.

Zum sechzigsten Dienstjubiläum Elizabeths II. wurde die Ausstellung 2012 für zweieinhalb Millionen Pfund modernisiert und erweitert. Ein Film zeigt die Krönung Elizabeths am 2. Juni 1953 auf einer ganzen Wand. Krönungschoräle erschallen, dann sind die feierlichen Worte des Erzbischofs von Canterbury zu hören. Auf diesen Bildern trägt die junge Elizabeth, deren Vater und Amtsvorgänger schon sechzehn Monate zuvor gestorben war, die St. Edwards-Krone. Sie wurde 1661 nach elf königslosen Jahren für die Krönung des aus dem Exil heimgekehrten Charles II. aus massivem Gold hergestellt. »*God save the Queen*«, ist vom Band zu hören, auf der Leinwand reißt Prinz Charles als kleiner Junge die Augen auf, die singenden *peers* in der Abtei setzen ihre eigenen Kronen auf. So wird der Besucher auf den Anblick des Allerheiligsten eingestimmt. »Sind Sie bereit, die Krone zu sehen?«, fragt Sullivan, zu dessen Aufgaben es auch gehört, die beiden jeweils zwei Tonnen schweren Stahltüren zur Sammlung morgens zu öffnen und abends zu schließen.

Seit der Krönung Elizabeths II. haben nur drei Menschen die über zwei Kilogramm schwere St. Edwards-Krone berührt: die Königin, der Erzbischof von Canterbury und der Hofjuwelier, der das Stück einmal im Jahr von Staubpartikeln befreit. »Sie ist nicht die wertvollste Krone der Sammlung, aber als Symbol königlicher Autorität die wichtigste«, präzisiert Sullivan. Denn sie wird ausschließlich für den letzten Teil der Krönungsmesse verwendet: den Moment der Krönung. Ist die Transformation zum Monarchen vollzogen, greift der neuerlich zur Dienstkrone; die St. Edwards-Krone wird verstaut und in den Tower zurückgebracht.

Dort scheinen die Kronjuwelen auf dunkelblauem Tuch im Halbdunkel eher zu schweben als zu ruhen; nichts lenkt das Auge des Betrachters ab vom Funkeln der Edelsteine im weißen Licht. Am Ende der Reihe ruht die Krone der 2002 im Alter von hundertundeinem Jahr gestorbenen Queen Mum. Diese eher zierliche Krone passt ebenso zur Statur der kleinen Trägerin wie zu ihrer nachgeordneten Position als Queen Consort, als Gattin eines Königs. Sie schmücken dennoch zweitausendachthundert Diamanten, darunter der Koh-i-Noor, ein funkelndes Beutestück aus Indien.

Die etwas angejahrten Kästen und Koffer, in

denen die Krönungsutensilien zwischen Tower und Westminster Abbey hin- und herreisen, sind hier ebenfalls zu sehen. Zu ihnen zählt ein 1661 gefertigter Adler, aus dessen Schnabel während der Krönung geweihtes Öl tropft, sowie der aus dem Jahr 1199 stammende Löffel, der dieses Öl auffängt, bevor es auf Hände, Brust und Kopf des neuen Monarchen getupft wird. Andere Dinge sind häufiger unterwegs, so etwa das tragbare Becken für die Taufen von Königskindern.

Wiewohl die Frauen des Hauses Windsor als langlebig gelten, ist der nächste Einsatz der St. Edwards-Krone in der Westminster Abbey absehbar. »Sie und ich werden es erleben«, verspricht Steve Sullivan, ohne damit Hochverrat zu begehen. Das ginge ihm auch ganz gegen die Natur. Sullivan wirft einen Blick auf das Porträt seiner Königin als junge Frau. »Nicht viele Leute machen ihre Arbeit so lange und so gut.«